Kochbuch für Katzen mit Grundlagen über Katzenernährung

Katzenfutter selber machen — Das Katzenkochbuch mit leckeren Backmatten-Rezepten

MEINE KATZE FÜRS LEBEN RATGEBER

Inhaltsverzeichnis

Abbildungsverzeichnis

Jetzt mache ich das Katzenfutter selber

Über 90 % der Stubentiger bekommen Fertigkost aus der Dose oder dem Beutel. Die Ernährung scheint den Tieren ausgezeichnet zu bekommen. Trotzdem zeichnet sich der Trend ab, Katzenfutter selber herzustellen. Leider gibt es viele falsche Vorstellungen darüber, was eine Katze braucht. Nicht selten entwickeln sich chronische Krankheiten, weil der Katzenhalter über Jahre falsch gefüttert hat. Manch wohlmeinender Mensch vergiftet seine Katze sogar unwissentlich.

Das Buch beschränkt sich aus gutem Grund nicht einfach auf Rezepte, sondern vermittelt ein umfassendes Wissen über die Ernährung von Katzen.

Abbildung 1: Unsere kleine Katze liebt selbstgemachtes Essen. © Majabechner

Zurück zur Natur oder besser nicht?

Die Verfechter der natürlichen Ernährung von Katzen vergessen meist zwei wesentliche Faktoren. Die über Jahrhunderte an Menschen gewöhnten Katzen sind heute kaum noch bereit, die Nahrung, welche Ihre Vorfahren zu sich nahmen, zu akzeptieren. Der andere Aspekt betrifft den Halter. Auch ein tierliebender Mensch mag mit Sicherheit keine Beutetiere in der Wohnung.

So ernährten sich die wilden Vorfahren

Abbildung 2: Afrikanische Wildkatze

Der gemeinsame Vorfahre aller Haus- und Rassekatzen ist die afrikanische Falbkatze (Felis lybica lybica). Die Tiere ernährten sich in erster Linie von kleineren Nagetieren. An zweiter Stelle standen Vögel und andere Kleintiere, wie z.B. Echsen, auf dem Speiseplan. Größere Tiere wie Hasen oder Kaninchen wurden nur in Ausnahmefällen erbeutet. Falbkatzen richten sich bei der Ernährung nach den Beutetieren, die sie in der Umgebung finden und sie sind sehr anpassungsfähig. In einer

Trockenregion in Botswana ernähren sie sich beispielsweise überwiegend von Walzenspinnen. In Namibia fand man die Überreste von Insekten in 70 % der Kotproben.

Auch viele Hauskatze jagen gelegentlich Spinnen nach und fressen diese. Das zeigt, dass selbst verwöhnte Katzen mit Begeisterung selbst erlegte Insekten oder Regenwürmer fressen. Ein Mini-Snack scheint immer willkommen.

Der lange Weg von der Wildkatze zur Sofakatze

Ein Grab, das etwa 7.500 v. Chr. auf Zypern angelegt wurde, enthielt Skelette, die symmetrisch zueinander lagen, eines Menschen und einer Katze in einem Abstand von 40 Zentimetern. Daraus lässt sich schließen, dass es bereits zu dieser Zeit eine enge Beziehung zwischen Katzen und Menschen gab. Ein derartig langes Zusammenleben mit Menschen ist mit Sicherheit nicht an der Ernährung der Katzen vorbeigegangen.

Vermutlich duldeten unsere Vorfahren die Katzen zunächst nur, weil sie Nager von den Vorräten fernhielten. Es ist aber auch davon auszugehen, dass die Tiere Schlachtabfälle und Nahrungsreste der Menschen bekamen. Das Leben, das Katzen auf Bauernhöfen führen oder das der Streuner in Großstädten besitzen, dürfte etwa dem entsprechen, was die Katzen über Jahrtausende in der Nähe der Menschen führten. Sie fraßen selbst erlegte Beutetiere und das, was es sonst nach an Essbaren gab.

Viele Katzen sind nicht mehr bereit, eine Maus als Ganzes zu fressen. Einige lehnen Rohkost ab. Die Vorstellung, dass eine artgerechte Ernährung zwangsläufig bedeutet, dass die Katze nur noch Mäuse und Küken zu fressen bekommt, ist nicht ganz richtig.

Wir Menschen ernähren uns heute auch nicht mehr so wie vor 10.000 Jahren. Auch wenn manche Spezialisten der Meinung sind, die Ernährung sei damals gesünder gewesen, sprechen doch eine hohe Lebenserwartung und Zunahme der Körpergröße für die moderne Ernährung. Auf die Katze übertragen heißt dies: Auch eine „Sofakatze" braucht Nahrung, die der Zusammensetzung einer Maus entspricht. Sie muss aber weder Mäuse noch rohes Fleisch konsumieren, um gesund ein hohes Alter zu erreichen.

Die Problematik der natürlichen Ernährung

Der Organismus der Katzen wird mit nahezu allen Keimen fertig, die in den Beutetieren leben. Darunter ist zu verstehen, dass die Tiere nicht erkranken. Viele der Keime werden allerdings lebensfähig ausgeschieden. Wenn Sie Fleisch, das mit Salmonellen kontaminiert ist, verfüttern, wird Ihre Katze diese mit dem Kot ausscheiden.

Das Verfüttern von Beutetieren, egal, ob lebendig oder schlachtfrisch, beinhaltet die Gefahr, dass die Katze sich mit Endoparasiten infiziert. Das bedeutet eine Infektionsgefahr auch für den Menschen. Beim Einfrieren sterben die meisten Parasiten ab und kochen zerstört sie völlig. Wenn Sie Fleisch oder Fisch roh verfüttern, besteht also die Gefahr, dass Parasiten beziehungsweise deren Eier in die Nahrungskette der Katze gelangen.

Da Katzen ihre Beute nicht im Napf verzehren, dürfen Sie sich außerdem darauf gefasst machen, dass eine aufgetaute Maus auch mal in Ihrem Bett liegt oder ein größeres Stück Fisch unter dem Sofa vergessen wird. Das enge Zusammenleben mit einer Katze machte eine natürliche Ernährung zu einer Herausforderung. Besonders wenn Kleinkinder im Haus sind, ist dieses Risiko meistens nicht tragbar.

Vor- und Nachteile von selbst zubereitetem Futter

Als Vorteil ist auf jeden Fall anzusehen, dass eine Rohfleischfütterung (BARF) der natürlichen Ernährungsweise der Katze entspricht. Sie ist außerdem gut für die Zahnhygiene. Das ist besonders dann der Fall, wenn Sie Knochen und sehniges Fleisch verfüttern. Hinzukommt, dass rohe Fleischkost einen optimalen Feuchtigkeitsgehalt hat. Katzen können es besser verdauen und Sie beugen Nierenproblemen vor.

Die natürliche Rohkost sorgt für ein stabiles Magen- und Darmmilieu und damit für ein gutes Immunsystem. Katzen, die mit rohem Fleisch ernährt werden, leiden seltener unter Allergien oder Unverträglichkeiten von Nahrung. Sie haben seltener Übergewicht und kaum Probleme mit dem Fell und der Haut.

Futter, das Sie nach BARF-Rezepten herstellen, können Sie auch kochen, wenn es Ihnen nicht behagt, rohes Fleisch zu geben. Das ist zwar nicht so natürlich, hat aber trotzdem große Vorteile gegenüber Fertigfutter. Beachten Sie aber, dass gekochtes Fleisch weit weniger Taurin enthält als rohes. Daher sollten Sie dem Futter ein Taurinpräparat zugeben.

Katzenfutter aus der eigenen Küche bietet Ihnen die volle Kontrolle über die Inhaltsstoffe. Sie können sicher sein, dass weder versteckte Inhaltsstoffe noch künstliche, schwer verdauliche Zusatzstoffe im Futter enthalten sind. Sie wissen nicht nur genau, was im Futter drin ist, sondern Sie können es auch nach den individuellen Bedürfnissen der Katze zusammenstellen.

Für Hauskatzen mit Diabetes ist beispielsweise eine fleischreiche Ernährung ein Gewinn. Eine randomisierte Studie der Forscher des Animal Medical Centers vergleicht die Auswirkungen eines Futters mit niedrigem Ballaststoff- und hohem Eiweißgehalt mit einer Katzennahrung, die einen hohen Ballaststoff- und moderaten Kohlenhydratgehalt aufweist. Das

Gewicht beider Kontrollgruppen änderte sich im Verlauf der Studie nicht signifikant. Es zeigte sich aber, dass eine Chance auf eine Verbesserung einer Diabetes-erkrankung durch eine Ernährung mit wenigen Kohlenhydraten und vielen Proteinen besteht.

In schwach gesalzenem Wasser gegartes Geflügelfleisch ist eine ideale Schonkost bei Magen- und Darmerkrankungen. Gekochter Reis liefert wichtige Vitamine, Ballaststoffe und Aminosäuren. Möhren, Brokkoli, Paprika und Spinat sind gute Vitaminlieferanten. Gekochtes Ei oder rohes Eigelb erhöht den Eiweißgehalt des Futters und sind eine Wohltat für das Fell.

Vieles, was als **Nachteil** aufgeführt wird, ist bei näherem Hinsehen eigentlich garkeiner oder meist zu vernachlässigen. In der Regel führen die Gegner der BARF-Ernährung an, dass die Kosten und der Aufwand sehr hoch sind und es außerdem große Hygieneprobleme gibt.

Fleisch in Bio-Qualität ist natürlich teuer, aber sie verwenden sehr viele Teile, die nicht für die menschliche Ernährung gedacht sind. Geflügelmägen, Herz und Kopffleisch vom Rind können Sie günstig erstehen. Fragen Sie bei einem Schlachter vor Ort. Er ist vielleicht froh, einen Abnehmer für dieses Fleisch zu finden. Im Schnitt müssen Sie mit etwa einen Euro pro Tag und Katze rechnen. Hochwertiges fertiges Nassfutter kostet etwa die gleiche Summe. Natürlich bekommen Sie auch Fertigfutter, das nur die Hälfte kostet, aber dieses enthält in der Regel viel zu viele Kohlenhydrate. Wenn Sie beim Barfen diese niedrigen Maßstäbe ansetzen, kommen Sie auf einen ähnlichen Tagespreis.

Die Hygieneprobleme sind letztendlich nicht größer als beim Kochen für Menschen. Natürlich müssen Sie auf Sauberkeit achten, wenn Sie mit rohem Fleisch hantieren. Es ist selbstverständlich, dass Sie Arbeitsflächen und Küchengeräte sorgfältig mit heißem Wasser reinigen müssen. Die Zubereitung des Katzenfutters ist lediglich für Vegetarier und Veganer ein ungewohntes Hantieren mit Fleisch.

Oft heißt es, dass Sie die Katze durch die Rohfleischfütterung mit Krankheitserregern und Parasiten konfrontieren. Dies mag stimmen, aber eine gesunde Katze, die in der Natur Mäuse erlegen würde, wird damit fertig. Abgesehen davon ist es sehr unwahrscheinlich, in Deutschland Fleisch zu erwerben, dass mit Würmern belastet ist. Wenn Sie das Futter einfrieren, töten Sie in der Regel alle Würmer und durch das Kochen stirbt jeder Keim. Beides bedeutet aber gleichzeitig, dass Sie das Fleisch verändern und daher von einer natürlichen Ernährung der Katze abweichen.

Keine Regel ohne Ausnahme, denn manche Katzen vertragen keine Rohkost. Bei sehr alten oder geschwächten Tieren können Parasiten oder Keime zu Krankheiten führen. Fragen Sie einen Tierarzt, wenn Ihre Katze Leberprobleme hat, denn das zusätzliche Eiweiß kann einer überlasteten Leber schaden. Auch bei bestehender Nierenerkrankung ist von einer sehr eiweißreichen Nahrung abzuraten.

Das Argument, dass die Zubereitung des Katzenfutters zeitaufwendig ist, kann man nicht von der Hand weisen. Mit guter Organisation können Sie an einem Nachmittag im Monat eine ganze Monatsration herstellen. Der Zeitaufwand hält sich also in Grenzen.

Was die Katze wirklich braucht

Glukose ist der universelle Energieträger für Zellen. Jeder Organismus braucht daher diesen Einfachzucker, um zu überleben. Viele Lebewesen gewinnen ihn durch Aufspaltung längerer Kohlenhydratketten, beispielsweise aus Stärke oder Zweifachzucker. Katzen können diesen Prozess nicht umsetzen. Ihnen fehlt unter anderem das Enzym Ptyalin, das Stärke schon im Mund zu zersetzen hilft. Katzen gewinnen Glukose aus Aminosäuren, also aus Eiweiß. Das müssen Sie bei der Zusammenstellung von Katzenmenüs beachten.

Fleisch

Sie können Fleisch aller Vögel und Säugetiere verfüttern, außer Schweinefleisch. Die meisten Menschen entscheiden sich für Geflügel, Rind, Wild und Lamm. Es muss kein Muskelfleisch sein, auch Kopffleisch oder einige Innereien, wie z.B. Herz, zählen als „normales" Fleisch. Leber und Nieren sind Sonderfälle, da diese zum Teil einen hohen Anteil an fettlöslichen Vitaminen enthalten.

Es ist unerheblich, ob Sie das Fleisch gekocht, gehackt beziehungsweise in größeren Stücken verfüttern. Bitte beachten Sie:

- Verfüttern Sie ausschließlich frisches Fleisch.
- Das Fleisch muss zumindest Kategorie-3-Fleisch, das Sie in Tierfuttergeschäften bekommen, sein.
- Rohes Fleisch kann Parasiten enthalten, aufgetautes Fleisch ist in der Regel parasitenfrei.
- Durchgegartes Fleisch enthält in der Regel auch keine Keime.

<u>Hinweis</u>: Die EU-Verordnung (EG) Nr. 1069/2009 (Verordnung über tierische Nebenprodukte) unterteilt Fleisch von verendeten oder totgeborener Groß- oder Haustiere sowie Schlachtabfälle in 3 Kategorien. Produkte der Kategorie 1 und 2 sind potenziell schädlich und für die Tierernährung nicht geeignet. In die Kategorie 3 fallen unter anderem Tierteile, die zum menschlichen Verzehr geeignet sind, aber nicht nachgefragt werden, z.B. Kutteln, Zunge und einige Innereien. Auch Eintagsküken werden in diese Kategorie eingeordnet. Kategorie-3-Fleisch ist preisgünstig und für die Ernährung von Katzen geeignet.

Wie gefährlich ist Schweinefleisch?

Vermutlich wurde schon jeder Katzenbesitzer gewarnt, Schweinefleisch zu verfüttern, denn es kann das Aujeszky-Virus enthalten. Manche Quellen gehen davon aus, dass das Virus auch das Kochen übersteht. Es löst eine

Entzündung des Gehirns und Rückenmarks aus. Die Krankheit wird Pseudotollwut genannt und ist tödlich.

Sicher kommt es gelegentlich vor, dass eine Katze Schinken vom Tisch stiehlt. Meist bleibt das folgenlos, denn die Bestände an Hausschweinen sind in den meisten EU-Ländern frei von diesem Virus. Eine Gefahr geht aber von Wildschweinen aus. In Deutschland und Österreich werden sporadisch Todesfälle durch Jagdhunden gemeldet. Laut Untersuchungen in Nordrhein-Westfalen sind annähernd 10 % der Wildschweine derzeit Virusträger.

Das Risiko, dass Ihre Katze durch Fleisch von Hausschweinen erkrankt, ist also gering. Wildschwein sollten Sie aber auf keinen Fall verfüttern.

Gefahren durch Knochen

Hier hilft ein Blick in die Natur. Katzen fangen Mäuse und fressen diese mit den Knochen. Katzen erlegen aber keine Kühe. Keine Katze wird wie ein Hund einen großen Knochen vom Rind zernagen.

Aber kleine Knochen in Hähnchenhälsen oder Hähnchenflügel fressen die meisten Katzen. Das ist eine gute „Zahnbürste" für die Katze. Natürlich ist also, dass Katzen Knochen von Kleintieren fressen. Sie braten und kochen die Beute nicht. Es geht also um rohe Knochen.

Geben Sie der Katze auf keinen Fall die Reste einer Chicken-Wings-Mahlzeit, obwohl Katzen Hähnchenflügel fressen dürfen. Nicht nur die Gewürze der Menschenmahlzeit schaden ihr. Generell darf kein Tier gekochte oder gebratene Knochen fressen. Knochen werden durch das Garen spröde und neigen zum Splittern. Die Splitter können zu inneren Verletzungen führen.

Bedenken Sie auch, dass Katzen, die bisher ausschließlich weiches Futter kennen, nicht wissen, wie sie mit Knochen richtig umgehen müssen. In seltenen Fällen kann es zu einem Bruch eines Zahns führen, wenn die Mieze gierig in einen Hähnchenhals beißt.

Fisch

Die meisten Katzen lieben Fisch, aber Sie sollten nicht öfter als zweimal pro Woche eine Fischmahlzeit geben. Bis auf wenige Ausnahmen ernähren sich Katzen in der Natur überwiegend von Fleisch, nicht von Fisch. Das Wassergetier ist eine willkommene Zugabe bzw. eine Leckerei, die sie manchmal erbeuten.

Fisch gilt als gesund und fettarm, aber so stimmt das nicht. Zum einen brauchen Katzen den Energielieferanten Fett und zum anderen sind manche Fische sehr fettreich. Letztere sind gute Vitamin D-Lieferanten. Da das Vitamin fettlöslich ist, kann ein zu häufiger Konsum von fettreichem Fisch zu einer Überdosierung führen (Siehe Vitamine, Mineralien, Taurin und Co.). Daher sind fettreiche Fische wie Makrele, Lachs oder Hering kein ideales Katzenfutter. Ein hoher Anteil an ungesättigten Fettsäuren bedeutet außerdem, dass der Bedarf an Vitamin E steigt.

Einige Fische wiederum enthalten eine hohe Dosis des Enzyms Thiaminase, welches Thiamin (Vitamin B1) spaltet und so für den Organismus unbrauchbar macht. Das Enzym ist hitzeempfindlich und somit nur von Bedeutung, wenn Sie rohen Fisch füttern. Geben Sie daher lediglich Aal, Alaska-Seelachs, Dorade, Kabeljau, Lachs, Rotbarsch, Scholle, Seehecht und Thunfisch roh, denn diese Fische enthalten nur sehr wenig Thiaminase. Trotzdem sollten Sie auf keinen Fall häufiger als zweimal in der Woche Fisch geben, denn besonders Wildfänge sind oft stark mit Schwermetallen belastet.

Generell besteht bei Fisch eine größere Gefahr, dass sich Parasiten darin befinden. Dies mag eklig sein, aber der Organismus der Katze wird damit meist ausgezeichnet fertig.

Wenn Sie Ihrer Katze Dosenfisch geben wollen, greifen Sie zu Sorten, die extra für Tiere angeboten werden. Produkte für Menschen enthalten mehr Salz als die Nieren der Katzen vertragen. Natürlich schadet es nicht, wenn Ihre Katze hin und wieder etwas vom Thunfisch in eigenem Saft bekommt, den Sie für sich auf den Tisch bringen.

Gefahren durch Gräten

Auch hier hilft ein Blick in die Natur. Katzen sind zwar wasserscheu, aber durchaus begabte Angler. Sie sitzen oft stundenlang am Ufer, um blitzschnell einen Fisch mit einem Tatzenhieb aus dem Wasser zu schleudern. Die Beute besteht ausschließlich aus kleinen Fischen, die im flachen Wasser des Ufers schwimmen können.

Auch hungrige Katzen stürzen sich nicht in die Fluten und ringen einen Karpfen nieder. Logischerweise verschlingen Katzen Goldfische und Co. mit allen Gräten. Das schadet ihnen nicht. Die harten Gräten eines größeren Fisches sind dagegen gefährlich.

Wie Knochen verändern sich auch Gräten durch Hitze. Sie werden hart und spröde. Daher müssen Sie diese sorgfältig entfernen, wenn Sie den Fisch kochen.

Fett

Im Schnitt sollte eine Mahlzeit etwa 15 bis 20 % Fett enthalten. Leider greifen die meisten Menschen zu fettarmem Fleisch wie Putenbrust. Oft steckt sogar die Absicht dahinter, dass die Katze abnehmen soll. Ein Diätfutter für Katzen, das der Gewichtsreduzierung dient, ist nie zu empfehlen. Wenn Ihre Katze Übergewicht hat, reduzieren Sie die Futtermenge und sorgen Sie für Bewegung. Eine fettarme Ernährung führt dazu, dass der Organismus der Katze beginnt, die benötigte Energie aus Proteinen zu gewinnen. Dabei entstehen Stickstoffverbindungen, die Ihre Katze über die Niere ausscheiden muss. Das führt auf Dauer zu Nierenschäden.

Der Fettgehalt der Katzennahrung sollte also im Durchschnitt nie unter 6 bis 8 % liegen. Das Fleisch eines Hähnchens mit Haut und dem darunterliegenden Fettanteil ist daher eine bessere Alternative als Brustfleisch.

Wenn Sie fettarmes Fleisch verfüttern, geben Sie je Kilogramm etwa 50 g tierisches Fett hinzu. Butter, Gänse- oder Entenschmalz eignen sich ausgezeichnet. Natürlich muss es sich um naturreine Produkte ohne Zwiebeln, Äpfel oder Gewürze handeln.

Sollte Ihre Katze auf Butter mit Durchfall oder Blähungen reagieren, ist Sie vermutlich extrem empfindlich gegenüber Laktose. Verwenden Sie in dem Fall laktosefreie Butter oder Schmalz.

<table><tr><td>

Hinweis:

Es geht um Fett als Energielieferant. Dieses muss tierischen Ursprungs ein. Ferner werden kalt gepresste Öle zugesetzt, um der Katze essenzielle Omega-3 und Omega-6 Fettsäuren zu liefern. Diese haben entzündungshemmende Eigenschaft und verbessern die Haut und das Fell. Die Öle eignen sich nicht, um einen zu geringen Fettgehalt im Fleisch auszugleichen.

</td></tr></table>

Knorpel und Knochen

Da Katzen in der Natur eine ganze Maus mit Haut und Haaren verspeisen, futtern die Tiere auch Knorpel und Knochen. Diese liefern wertvolle Mineralien. Natürlich wird Ihre Miezekatze keinen Kalbsknochen zernagen und fressen. Viele Katzen sind aber bereit, die letzten Fleischreste davon abzunagen, was durchaus der Zahnreinigung förderlich ist.

Für die Versorgung mit Calcium langt das nicht. Sie muss Knochen und Knorpel fressen. Katzen können Geflügelknochen verdauen. Viele lieben es Hähnchenflügel zu fressen. Sie können auch den Brustkorb eines Huhns oder einer Pute im Fleischwolf zerkleinern und damit die Katzenmahlzeit anreichern.

Das Wichtigste ist, dass Sie Knochen grundsätzlich roh verfüttern. Die Knochen eines gegarten Tieres neigen zum Splittern und können Ihre Katze ernsthaft verletzen. Achten Sie daher darauf, Reste von Mahlzeiten so zu entsorgen, dass Ihre Katze nicht daran gelangen kann. Chicken Wings etc. sind für Katzen sehr gefährliche Delikatessen, die sie sich auch gerne aus dem Mülleimer holen.

Innereien

Innere Organe werden bei der Katzenernährung sehr unterschiedlich bewertet. Herz und Magen betrachten die meisten Experten als Muskelfleisch. Milz ist ein guter Eisenlieferant, aber sehr fettarm. Auch die Lunge ist extrem mager. Das Herz ist eine gute Alternative. Leider mögen viele Katzen das daran hängende Fett nicht. Sie fressen ein Herz meist nur, wenn Sie das Fett abschneiden.

Leber enthält eine große Menge Vitamin D. Aus diesem Grund dürfen ist die Verfütterung nur in begrenzten Mengen erlaubt. Geben Sie rohe Leber sehr sparsam, weil sie oft Durchfälle auslöst. Gekochte Leber vertragen Katzen besser.

Bedenken Sie bei Nieren, dass Sie ein Filterorgan für Schadstoffe sind. Geben Sie das Organ nicht roh und legen Sie es vor dem Kochen für einige Stunden in Milch ein, um es etwas zu entgiften.

Gemüse und Gewürze

Menschen, die für Ihre Katze kochen, wollen die Mahlzeit schmackhaft und gesund zubereiten. Die Vorstellung, ein ungewürztes Essen auf den Tisch zu bringen, behagt ihnen nicht. Außerdem sind die meisten Katzenhalter überzeugt, dass eine Katze eine gute Portion Gemüse braucht, um die Versorgung mit Vitaminen sicher zu stellen.

Die Katze bekommt folglich eine Ration Geschnetzeltes aus Putenfleisch, Zwiebeln und Rahm, das die Katze vermutlich mit Begeisterung frisst. Rahm löst bedingt durch die Laktoseintoleranz Blähungen und Durchfall aus, Zwiebel zersetzen die roten Blutkörperchen. Falls der Mensch die Mahlzeit auch noch mit Salz abschmeckt, drohen zusätzlich Nierenprobleme.

Ihre Katze braucht keinerlei Gewürze und pflanzliche Bestandteile sind lediglich in geringen Mengen als Ballast wichtig. Da viele Gemüse für Katzen giftig sind, geben Sie idealerweise Karotten als Ballaststoff bei. Auch Spinat, Kürbis, gekochte Kartoffeln und Reis sind als Beilage erlaubt.

Vitamine, Mineralien, Taurin und Co.

Tatsache ist, dass eine Maus etwa 240 mg Taurin je 100 g enthält, während Huhn beispielsweise je nach Körperteil 15 bis 100 mg Taurin liefert. Eine ähnliche Problematik besteht bei Vitaminen, Mineralien und essenziellen Fettsäuren.

Zahlreiche Experten haben in den letzten Jahren darüber Bücher verfasst. Die Angaben über die benötigte Tagesdosis an Vitaminen, Taurin und Mineralien schwankt beträchtlich.

So wird beispielsweise bei Vitamin D eine Tagesdosis von 2,5 bis 5 IE je Kilogrammkatze empfohlen. Der Bedarf an Vitamin E liegt bei 2 mg je Kilogramm Körpergewicht am Tag und steigt mit zunehmendem Fettanteil im Futter. Die Menge muss daher bei zusätzlicher Gabe von ungesättigten Fettsäuren entsprechend erhöht werden. Auch das sind keine exakten Angaben.

Weitgehend einig sind die Wissenschaftler bezüglich des Bedarfs an Calcium und Phosphor. Er wird liegt für Katzen bei 80 mg Calcium und 70 mg Phosphor je Kilogramm Katze pro Tag angegeben.

Bevor Sie jetzt mit der Apothekerwaage beginnen, die Mineralien abzuwiegen, sollten Sie eines berücksichtigen: Muskelfleisch enthält bereits Phosphor. Der Anteil kann also beträchtlich schwanken. Damit ist alles graue Theorie oder Sie müssen ein Heimlabor aufbauen, um alle Zutaten zu analysieren.

Katzen steht in der Natur kein Labor zur Verfügung. Sie fressen auch nicht instinktiv das, was sie benötigen. Das Jagdglück und das Vorkommen von Kleingetier bestimmen die Speisekarte. Eine einfache und praktikable Lösung ist mit Sicherheit, wenn Sie abwechslungsreich Füttern und darauf achten, Leber und Lachs sparsam zu geben.

Die Tabelle informiert Sie über den Nährstoffbedarf von Katzen entsprechend neuerer Erkenntnisse. Bitte bedenken Sie:

> - Die Angaben gelten grundsätzlich nicht für trächtige, säugende, wachsende oder kranke Tiere.
> - Der Bedarf muss nicht für Ihre Katze gelten, denn außerdem spielen Faktoren wie Alter und Bewegung eine Rolle.
> - Sie wissen nie genau, was die Hauptzutaten (Fleisch und Fett) enthalten.

Der Energiebedarf beträgt 0,15 - 0,3 MJ je kg Körpergewicht am Tag. Alle Angaben beziehen sich auf den Tagesbedarf je Kilogramm Katze. Wenn Ihre Katze 4,5 kg wiegt, müssen Sie die Werte mit 4,5 multiplizieren. Besprechen Sie die Nährwertverteilung auch immer mit einem Tierazt. Nur er kann Ihnen genaue Angaben machen. Solche allgemeinen Richtlinien können Fehler aufweisen.

Was	Menge	Anmerkung
Eiweiß	5 g	Muss tierischen Ursprungs sein.
Fett	2 g	Muss tierischen Ursprungs sein.
Taurin	30 mg	
Linolsäure	5 g/kg Trockenmasse des Futters	
Arachidon-säure	0,2 g/kg Trockenmasse des Futters	
Kohlen-hydrate	Maximal 5 g	Katzen brauchen keine Kohlenhydrate.
Calcium	80 mg	
Phosphor	70 mg	
Magnesium	12 mg	
Kalium	80 mg	
Natrium	80 mg	Belastet in höheren Dosen die Nieren.
Chlorid	120 mg	Belastet in höheren Dosen die Nieren.
Eisen	1,5 mg	
Kupfer	0,1 mg	
Mangan	0,1 ,g	

Zink	1 mg	
Jod	0,05 mg	
Selen	0,002 mg	
Vitamin A	100 IE	Fettlösliches Vitamin, Überdosierung ist gefährlich.
Vitamin D	5 IE	Fettlösliches Vitamin, Überdosierung ist gefährlich.
Vitamin E	2mg	Fettlösliches Vitamin, Überdosierung ist gefährlich.
Vitamin B1	100 Mikrogramm	
Vitamin B2	50 Mikrogramm	
Vitamin B6	80 Mikrogramm	
Vitamin B12	0,4 Mikrogramm	
Nicotinsäure	800 Mikrogramm	
Folsäure	20 Mikrogramm	
Pantothen-säure	200 Mikrogramm	
Biotin	3 Mikrogramm	

Vielleicht wundern Sie sich, dass Katzen kein Vitamin C benötigen. Sie stellen es in Ihren Körper selber her. Es wird in einigen Nassfuttern oft als Ascorbinsäure ausgewiesen und dient ausschließlich als Konservierungsmittel, nicht der Vitamin-versorgung von Katzen.

Hinweis: Eine Überdosierung von Taurin und wasserlöslichen Vitaminen ist in der Regel unbedenklich, da der Organismus diese einfach mit dem Urin ausscheidet.

Was Ihre Katze nicht fressen darf

Ähnlich wie beim Thema Vitamine und Mineralien stehen Sie beim Thema, was Katzen fressen dürfen vor einer unübersehbaren Meinungsvielfalt. Oft geht es dabei mehr darum, ob Katzen Rohkost vertragen. Daher wird dieses Thema separat im Kapitel „Roh, aufgetaut oder gekocht?" behandelt. Hier geht es um Nahrungsmittel, die Katzen niemals bekommen sollten.

Natürlich kommt es auf die Dosis an. Schokolade ist beispielsweise giftig, aber keine Katze fällt tot um, wenn sie gelegentlich ein kleines Stück Schokolade nascht.

Was	Hinweise
Alkohol	Schon in geringen Dosen gefährlich. Katzen meiden Alkohol zwar in der Regel, aber Schnapspralinen oder Eierlikör könnten sie dazu veranlassen, etwas davon zu naschen.
Ananas	Viele Katzen fressen die Frucht mit Vergnügen. Sie kann aber Durchfälle und Bauchkrämpfe auslösen. Aus diesen Gründen gehört Ananas nicht auf den Speiseplan von Katzen.
Avocado	Das in der Pflanze und der Frucht enthaltene Persin kann Magen-Darm-Beschwerden oder Herzmuskelschäden auslösen und sogar tödlich wirken. Außerdem kann das Fett zu Entzündung der Bauchspeicheldrüse führen.
Rohes Eiklar	Eiklar enthält Avidin, welches die Aufnahme von Biotin verhindert. Das kann zu Biotinmangel führen. Bei gestocktem Eiklar besteht diese Gefahr nicht, da das Avidin beim Garen denaturiert wird.
Bittermandel	Die darin enthaltenen Stoffe Amygdalin und Prunasin lösen eine Blausäurevergiftung aus, die sich durch

	Übelkeit, Erbrechen und Herzklopfen bis hin zum Atemstillstand zeigt. Drei Bittermandeln können eine erwachsene Katze töten.
Hefeteig	Die Hefe gärt im Magen der Katze weiter. Das bedeutet Bauchschmerzen. Außerdem entsteht im Magen Alkohol, der für Katzen giftig ist.
Hülsenfrüchte	Katzen können die Früchte nicht verdauen, daher treten starke Blähungen auf. Roh enthalten sie das Gift Phasin, dass zu einem Kreislaufkollaps führen kann.
Hundefutter	Wenn Sie mal kein Katzenfutter im Haus haben, können Sie der Katze getrost Hundefutter gegen. Es schadet auch nicht, wenn Katzen gelegentlich den Hundenapf lehren. Das Futter enthält lediglich zu viele pflanzliche Bestandteile sowie zu wenig Taurin und kann daher auf Dauer nicht als Katzenfutter dienen.
Kaffee	80 mg Koffein pro Kilogramm Körpergewicht können tödlich für Katzen sein. Eine halbe Tasse kann bereits tödlich sein.
Kakao	Das darin enthaltene Theobromin ist giftig. Siehe Hinweis direkt im Anschluss an die Tabelle.
Kartoffeln	Niemals roh als Ballast dem Futter zugeben. Gekochte Kartoffeln schaden nicht.
Knoblauch	Alle Zwiebelgewächse sind sehr giftig für Katzen. Sie enthalten Schwefelverbindungen, welche die roten Blutkörperchen von Katzen zerstören. Symptome sind Erbrechen, Durchfall und Koordinationsstörungen. Es braucht lange, bis sich der Organismus wieder erholt. Eine Zehe kann bereits tödlich wirken.
Kohl	Katzen können keine Kohlsorte verdauen, daher treten starke Blähungen auf.
Lauch-	Alle Zwiebelgewächse sind sehr giftig für Katzen. Sie

zwiebeln	enthalten Schwefelverbindungen, welche die roten Blutkörperchen von Katzen zerstören. Symptome sind Erbrechen, Durchfall und Koordinationsstörungen. Es braucht lange, bis sich der Organismus wieder erholt.
Macadamia- nüsse	Bisher ist ungeklärt, welche Inhaltsstoffe die Katze nicht verträgt. Bereits eine Nuss kann Muskelzittern, Lahmheit, Gelenksteifigkeit und hohes Fieber auslösen. Auch Leberschädigungen wurden beobachtet.
Milch/Milch- produkte	Erwachsene Katzen reagieren auf Laktose mit Durchfall und Blähungen. Gesäuerte Milchprodukte wie Joghurt vertragen sie aber meistens.
Obstkerne	Die darin enthaltenen Stoffe Amygdalin und Prunasin lösen eine Blausäurevergiftung aus, die sich durch Übelkeit, Erbrechen und Herzklopfen bis hin zum Atemstillstand zeigt. 2 mg des Gifts je Kilogramm Körpergewicht sind tödlich.
Porree	Alle Zwiebelgewächse sind sehr giftig für Katzen. Sie enthalten Schwefelverbindungen, welche die roten Blutkörperchen von Katzen zerstören. Symptome sind Erbrechen, Durchfall und Koordinationsstörungen. Es braucht lange, bis sich der Organismus wieder erholt.
Rosinen	Schon wenige Rosinen können ein Nierenversagen auslösen. Die Ursachen sind noch nicht erforscht.
Schnittlauch	Alle Zwiebelgewächse sind sehr giftig für Katzen. Sie enthalten Schwefelverbindungen, welche die roten Blutkörperchen von Katzen zerstören. Symptome sind Erbrechen, Durchfall und Koordinationsstörungen. Es braucht lange, bis sich der Organismus wieder erholt.
Schokolade	Das darin enthaltene Theobromin ist giftig. Siehe Hinweis direkt im Anschluss an die Tabelle.
Tee	80 mg Koffein pro Kilogramm Körpergewicht können tödlich für Katzen sein. Diese Menge ist in 3-8 Tassen schwarzem Tee enthalten.

Weintrauben	Die Früchte schaden aus bisher unbekannten Ursachen den Nieren.
Zwiebeln	Alle Zwiebelgewächse sind sehr giftig für Katzen. Sie enthalten Schwefelverbindungen, welche die roten Blutkörperchen von Katzen zerstören. Symptome sind Erbrechen, Durchfall und Koordinationsstörungen. Es braucht lange, bis sich der Organismus wieder erholt. Eine halbe Zwiebel kann tödlich wirken.

Hinweis zu Kakao und Schokolade:

Mancher Katzenbesitzer gerät in Panik, wenn die Katze sich etwas Schokolade geklaut hat. Aber so gefährlich sind Kakao und Schokolade nicht.

Tatsache ist das in Kakaobohnen enthaltene Purinalkaloid Theobromin kann im schlimmsten Fall zum Tod einer Katze führen. Vergiftungserscheinungen treten bereits bei einem Verzehr von 20 mg je Kilogramm Körpergewicht auf. Typisch sind Unruhe, Schwäche und Zittern, gefolgt von Durchfall sowie Erbrechen. Bei höheren Dosen treten auch Krampfanfälle, Koordinationsschwierigkeiten und Herzrhythmus-störungen bis hin zum Herzstillstand auf. 80 mg je Kilogramm Körpergewicht gelten als tödlich.

Eine Katze, die 4 Kilogramm auf die Waage bringt, kann in der Regel bis zu 80 mg reines Theobromin verkraften, aber die vierfache Menge (also 320 mg) ist bereits tödlich.

Nun kommt es aber auf den Gehalt an Theobromin in den Lebensmitteln an. Kakaopulver zum Backen enthält mit 14 - 26 mg je Gramm den höchsten Anteil des Giftes. Etwa 12 g des Pulvers können tödlich sein. Bitterschokolade enthält 16 mg je Gramm, damit wären also 20 Gramm gefährlich. Meist vergreifen sich Katzen an Zartbitterschokolade, die lediglich 5,7 g enthält oder an Vollmilchschokolade, die sogar nur 2,3 mg enthält. Kaum eine Katze nascht an Backkakao, aber der hohe Fettanteil in Schokolade ist für Katzen verlockend. Obwohl es in fast jedem Katzenhaushalt Kakao und Schokolade gibt, sind schwere Vergiftungen selten. Die Tiere erbrechen üblicherweise recht schnell nach dem Genuss von Schokolade.

Ein Stück helle Schokolade ist nicht gesund für Katzen, aber auch nicht gefährlich. Schärfen Sie trotzdem Ihre Kinder ein, dass sie nIemals Schokolade mit der Katze teilen dürfen. Die lieben Kleinen könnten versehentlich eine tödliche Dosis an die Katze verfüttern.

Hinweis zu Nüssen:

Katzen vertragen Paranüsse, Pistazien, Haselnüsse, Mandeln, Walnüsse und Erdnüsse. Aber die Nüsse sind oft von Schimmelpilzen befallen. Die Pilze sondern oft Aflatoxine ab, die bereits in kleinsten Mengen giftig sind. Da Katzen für Ihre Ernährung keine Nüsse benötigen, sollten Sie der Katzennahrung zur Sicherheit keine beifügen.

Gesundheitliche Aspekte beim Katzenfutter

Katzenfutter soll natürlich so gesund wie möglich sein. Es erscheint logisch, dass eine natürliche Ernährung gleichzeitig gesund ist. Dabei vergessen die Verfechter dieser Theorie, dass eine Katze, die sich von selbst erjagtem Getier ernährt, eine Vielzahl von Keimen und Parasiten aufnimmt. Im Körper der Wildkatzen leben in der Regel unterschiedliche Würmer, die dem Organismus Kraft entziehen. Doch wie weit kann und soll man sich von der natürlichen Ernährung entfernen?

Roh, aufgetaut oder gekocht?

Die Meinungen gehen bereits bei der Zubereitung weit auseinander. In der Natur frisst die Katze weder aufgetautes noch gekochtes Futter. Also entspricht rohes Fleisch, das nie tiefgefroren war, der Natur. Sie werden allerdings immer wieder auf die Warnung stoßen, dass Sie niemals rohes Fleisch oder ungegarten Fisch verfüttern dürfen. Manche Autoren erwecken den Eindruck, dass dies nahezu gleichbedeutend mit Gift sei. Besonders der Verzehr von rohem Schweinefleisch wird fast immer in einem Atemzug mit einer tödlichen Krankheit erwähnt (Siehe „Wie gefährlich ist Schweinefleisch?").

Tatsache ist, dass jede Katze, die Freigang hat, zumindest gelegentlich rohes Fleisch aus unkontrollierter Herkunft verzehrt. Schließlich erbeuten die Freigänger meist kranke und schwache Mäuse und Vögel. Einer Katze rohes frisches Fleisch, das sogar für den menschlichen Verzehr gedacht ist, zu verfüttern, birgt ein deutlich geringeres Risiko. Es ist sehr unwahrscheinlich, dass auf diesem Weg Parasiten oder Keime von der Katze aufgenommen werden. Es ist aber nicht zu leugnen, dass ein Restrisiko besteht.

Meist wird empfohlen, das Fleisch einzufrieren und die Portionen für die Katzen frisch aufzutauen. Dies ist natürlich sinnvoll, wenn Sie eine größere Menge Katzenfutter zubereiten, die nicht sofort verfüttert wird. Außerdem überstehen die meisten Parasiten einen Aufenthalt bei minus 18 Grad nicht. Zu bedenken ist aber, dass sich die Konsistenz des Fleisches ändert. Die Zellstruktur wird aufgebrochen und das Fleisch verliert Wasser. Ferner sind Fehler beim Auftauen problematisch, da Keime das so veränderte Fleisch rasch besiedeln.

Aus diesen Gründen sollen Sie das Fleisch langsam im Kühlschrank auftauen und erst kurz vor dem Verfüttern auf Zimmertemperatur bringen. Es sollte nie länger als zwei Stunden außerhalb des Kühlschranks liegen. Im Sommer kann es deutlich schneller verderben. Natürlich können Reste im Napf bleiben, die Ihre Mieze später fressen möchte. Vielleicht schleppt Sie einen größeren Brocken auch in ein Versteck. Sie müssen also das Fressen überwachen und Reste sofort entsorgen. Das Frieren ist zwar praktisch und tötet Parasiten, kann aber den Keimgehalt des Fleisches erhöhen.

Es sprechen also einige Gründe dafür, Fleisch weder roh noch aufgetaut, sondern ausschließlich gekocht zu verwenden. Das verändert natürlich die Konsistenz des Eiweißes erheblich und außerdem werden durch die Hitze Vitamine und Taurin zerstört. Einige gehen sogar davon aus, dass gekochtes Fleisch für Katzen ungeeignet ist, da neben Taurin und andere lebenswichtige Aminosäuren, Vitamine und Enzyme beim Kochen größtenteils verloren gehen. Da gekauftes Katzenfutter immer erhitzt wurde und viele Katzen, die ausschließlich damit ernährt wurden, ein hohes Alter erreichen, scheint dieser Umstand den Katzen aber nicht zu schaden.

Vegetarische und vegane Ernährung

Viele Tierfreunde fragen sich, ob es nicht möglich ist, eine Katze vegetarisch oder sogar vegan zu ernähren. Immerhin gibt es genügend pflanzliche Eiweißstoffe. Eines ist zunächst festzuhalten, artgerecht ist eine solche Ernährung auf keinen Fall. Vegetarisch ist allerdings prinzipiell möglich, vegan führt zu massiven Mangelerscheinungen.

Katzen können kein Vitamin A im Körper synthetisieren. Es nützt ihnen daher nichts, wenn in Pflanzen die Vorstufe Carotin enthalten ist. Auch benötigen Sie Taurin. Die lebensnotwendigen Substanzen (Taurin und Vitamin A) sind ausschließlich in tierischen Produkten vorhanden. Daher muss die Katze zumindest Milch- und Eiprodukte konsumieren. Hierbei ist zu beachten, dass Katzen keine normale Kuhmilch vertragen.

Das Tierschutzgesetz (TierSchG) führt in Paragraph 2 aus, dass Tierhalter, der ein Tier betreut oder zu betreuen hat, das Tier entsprechend seiner Art und seinen Bedürfnissen angemessen ernähren und pflegen muss. Ob eine fleischlose Fütterung einer Katze artgerecht ist? Immerhin sind Katzen seit Jahrtausenden Jäger, die sich nahezu ausschließlich von Fleisch ernähren.

Bitte denken Sie daran, dass es bestenfalls möglich ist, gesunde ausgewachsenen Katzen vegetarisch zu ernähren. Die Katze wird sich daran gewöhnen und vermutlich nie wieder Fleisch anrühren. Dies kann zu einem unüberwindlichen Problem führen, wenn die Katze aus gesundheitlichen Gründen später mal Fleischmahlzeiten braucht.

Da weder vegetarische noch vegane Kost für Katzen sinnvoll ist, finden Sie in diesem Buch keine entsprechenden Rezepte.

Konsistenz und Geschmack

Natürlich muss auch selbstgemachtes Katzenfutter der Katze munden. Dies betrifft die Konsistenz und den Geschmack. Außerdem sollten Sie neben den Vorlieben Ihrer Katze auch praktische Aspekte berücksichtigen.

Große Stücke versus Einheitsbrei

Manche Katzen lieben einen eher dünnflüssigen Brei, der sich leicht auflecken lässt. Besonders Rassekatzen mit kurzer Nase bevorzugen diese Art der Nahrungsaufnahme, da diese Konsistenz anscheinend die Atmung weniger behindert. Andere Katzen möchten lieber auf größeren Brocken kauen, was für die Zahnreinigung von Vorteil ist.

Sie können, wenn Sie das Futter selber herstellen, über die Konsistenz weitgehend frei entscheiden. Mit Fleischwolf oder Mixer wird auch eine Mahlzeit, die aus Eintagsküken besteht, zu seinem sämigen Brei. Orientieren Sie sich bei der Umstellung von gekauften Futter auf selbst zubereitetes Katzenfutter daran, was Ihre Katze bevorzugt.

Zu groß sollten die Stücke nicht sein. Die Größe von Gulasch oder Geschnetzelten ist passender als Steakgröße. Katzen erlegen Tiere in der Größe einer Maus oder eines Spatzen. Größer sollte kein Fleischstück im Napf sein.

Übrigens je größer die Stücke, umso weniger fressen Katzen das Futter aus dem Napf. Katzen fressen in der Natur selten die Beute direkt an Ort und Stelle, wo sie diese erbeutet haben. Sie tragen diese zu einem Platz, der ihnen geeignet erscheint, die Mahlzeit in Ruhe zu beenden. Ihre Katze wird also alle Stücke, die zu groß sind, um sie ohne zu kauen hinunterzuschlingen, aus dem Napf nehmen. Sie wählt, um zu fressen, die Plätze, die ihr geeignet erscheinen. Das Fleisch landet auf Teppichen, Sofas, im Bett oder im Körbchen. Reste lässt das Tier liegen.

Ein kleines vertrocknetes Stück Pute stellt kaum ein Problem dar. Ein halb verzehrtes Küken, gut versteckt unter dem Sofa dagegen führt zu erheblichen Belästigungen. Es beginnt zu stinken und sie wissen nicht, woher der Geruch kommt. Meist kümmern sich Aasfliegen um den Kadaver. Solches Futter verabreichen Sie besser auf dem Balkon oder im Garten. Natürlich müssen Sie sicherstellen, dass die Katze mit der Beute nicht ins Haus gelangt.

Geschmacksinn der Katzen

Der Geruchs- und Geschmackssinn dient dazu, geeignete Nahrung zu erkennen. Er erfüllt also eine wichtige Funktion. Vermutlich haben sich die Sinne im Laufe der Jahrtausende den Bedürfnissen des Organismus angepasst. Zum besseren Verständnis:

Die Zellen benötigen, wie bereits erwähnt, Glukose als Energielieferant. Das heißt, für Aktivitäten ist dieser Einfachzucker unverzichtbar. Menschen decken den Bedarf stark durch den Genuss von Früchten. Ihr Geschmackssystem sorgt dafür, dass sie Süßes erkennen. Katzen können Zucker nicht aufspalten, daher nützt es Ihnen nichts, wenn Sie den Geschmack „Süß" erkennen.

Menschen können fünf grundlegende Geschmacksrichtungen unterscheiden: salzig, sauer, bitter, süß und umami (Würzig). Umami macht es möglich, die Aminosäure Glutamin, die im Fleisch enthalten ist, zu erkennen. Für den „Allesesser" Mensch hat sich die Möglichkeit, 5 Geschmacksrichtungen einzustufen, bewährt.

Für einen Fleischfresser, wie die Katze, ist es nicht wichtig, süßes zu erkennen. Umami ist dagegen von größter Bedeutung. 2006 fanden US-Amerikanische Wissenschaftler heraus, dass alle Katzen unter einem Gendefekt leiden. Das Gen mit dem Namen „T1R2" an der Stelle 247 ist verändert. Dieses Gen ist für die Übersetzung des Geschmacks „Süß" verantwortlich. Genetisch bedingt können Katzen also Zucker nicht schmecken.

Dieser Umstand schadet dem Tier nicht, denn Katzen können Zucker wie alle Kohlenhydrate nur schlecht verdauen. Größere Mengen Zucker lösen Durchfall aus. Bisher gibt es übrigens keine wissenschaftlichen Belege, dass Katzen von Zucker, Diabetes oder Karies bekommen.

Warum ist Zucker in Katzennahrung?

Die Hersteller von zuckerhaltigem Katzenfutter verweisen darauf, dass der geringe Zuckeranteil von etwa 0,5 % im Nassfutter keinerlei schädliche Nebenwirkungen hat. Sie setzen Zucker zu, um Proteine zu binden und im Futter schmackhafte Röstaromen zu erzeugen. Außerdem verleiht Karamell dem Futter eine ansprechende Farbe, die allerdings der Katze egal ist. Diese ist in erster Linie für den Halter wichtig, der eine bestimmte Farbe bei Katzenfutter erwartet.

Aber ganz so einfach ist es nicht. Die Wissenschaft macht es sich oft sehr leicht. Die Rezeptoren für Süß fehlen, also kann die Katze den Geschmack nicht wahrnehmen. Aber Zucker verändert auch die Konsistenz der Nahrungsmittel. Vielleicht mag Ihre Katze diese Veränderungen. Außerdem ist nicht erwiesen, ob vielleicht andere Rezeptoren der Katze einen süßen Geschmack vermitteln. Es besteht durchaus die Möglichkeit, dass die Katze Zucker beispielsweise als salzig wahrnimmt.

Oft sind es aber andere Bestandteile, wieso Katzen so verrückt auf diverse Süßigkeiten und Kekse sind. Fett ist ein Geschmacksträger, daher bestehen die meisten Delikatessen zu einem großen Teil aus Fett. Es ist sicher treffend, bei einer Tafel Vollmilchschokolade von „Fettigkeit" statt von „Süßigkeit" zu sprechen. Sie besteht zu 39 % aus Fett und 46 % aus Zucker. Nougat-Schokolade kann sogar nur 10 % Zucker enthalten, aber 36 % Fett. Auch Gebäck trieft oft vor Fett.

Ist gekauftes Futter wirklich Optimal?

Die Ausführungen bezüglich Zucker im Katzenfutter machen nachdenklich. Sicher wird kein Hersteller ein Futter auf den Markt bringen, das Katzen schadet. Für Fertigfutter spricht auch, dass der Gehalt an Vitaminen, Taurin und Mineralien exakt eingestellt ist und regelmäßig in Laboren überprüft wird. So genau wie im gekauften Fertigfutter werden sie die Inhaltsstoffe beim selbst hergestellten Futter nie dosieren können.

Aber die Anbieter achten auch auf eine billige Produktion und wollen sicher sein, dass das Futter den Katzen schmeckt. Wenn sie vor der Alternative gesund oder schmackhaft stehen, werden sie sich für den Geschmack entscheiden. Schließlich kauft kein Katzenhalter ein gesundes Futter, das die Katze aber nicht frisst.

Um das Futter preiswert anbieten zu können, besteht Katzenfutter größtenteils aus Resten der Fleischindustrie, also aus Kategorie-3-Fleisch. Sie werden vermutlich teureres Fleisch verwenden, das aber nicht unbedingt besser für die Ernährung einer Katze ist.

Egal, ob Dose, Schale oder Beutelchen, darin ist in der Regel etwas, das entfernt an Wurstmasse erinnert. Die verschiedenen Zutaten werden fein vermahlen und gekocht. Diese Masse landet als „Pastete" oder Ähnlichem in Schalen und Dosen. Fleischige Stücke in Soße oder Gelee entstehen, indem die Masse durch Düsen gepresst wird. Die so entstehenden „Würstchen" werden klein geschnitten und mit Soße oder Gelee versetzt.

Katzen, die sich an solches Futter gewöhnt haben, sind meist erstaunt, dass sie etwas im Napf vorfinden, dass sie kauen müssen. Beispiele für Nassfutter aus dem Handel finden Sie nun aufgelistet. Die Produkte sind nach der Vorliebe der Katze angeordnet

Produkt 1: Perfekt fit mit Huhn in Sauce.
Besonderheit: Enthält Zucker; auf der Vorderseite steht „Ohne Weizen, ohne Soja"

Analytische Bestandteile:
- ➢ Rohprotein 7,8 %
- ➢ Rohfett 5,3 %
- ➢ anorganischer Stoff 1,8 %
- ➢ Rohfaser 0,13 %
- ➢ Feuchtigkeit 82,0 %
- ➢ Fett:Protein-Verhältnis 0,68:1

Abbildung 3: Beispiel Nassfutter, ©rgladel

Abbildung 4: Vergleich No. 1 mit und ohne Sauce, ©rgladel

Die Stücke wirken auf den ersten Blick fast wie Fleisch, das vom Schlachttier geschnitten wurde. Aber auch hier ist beim näheren Betrachten zu erkennen, dass es aus einer fein gekutterten Masse besteht.

Produkt 2: zarte Stücke in Gelee Sorte Truthahn & Rind
Analytische Bestandteile:

- ➢ Rohprotein 8,5 %
- ➢ Rohfett 5,0 %
- ➢ Rohasche 2,5 %
- ➢ Rohfaser 0,4 %
- ➢ Feuchtigkeit 82,0 %
- ➢ Fett:Protein-Verhältnis   0,58:1

Abbildung 5: Vergleich No. 2 mit und ohne Sauce, ©rgladel

Der Vergleich mit dem 1-Cent-Stück zeigt, wie klein die Stücke sind. Es handelt sich eindeutig nicht um Fleischstücken, sondern eher um etwas, das an Formfleisch oder Wurst erinnert.

Produkt 3: zarte Stückchen mit Truthahn an Kräutercremesauce
Analytische Bestandteile:

- Rohprotein 9,5 %
- Rohfett 5,0 %
- Rohasche 2,0 %
- Rohfaser 0.3 %
- Feuchtigkeit 82,0 %
- Fett:Protein-Verhältnis 0,53:1

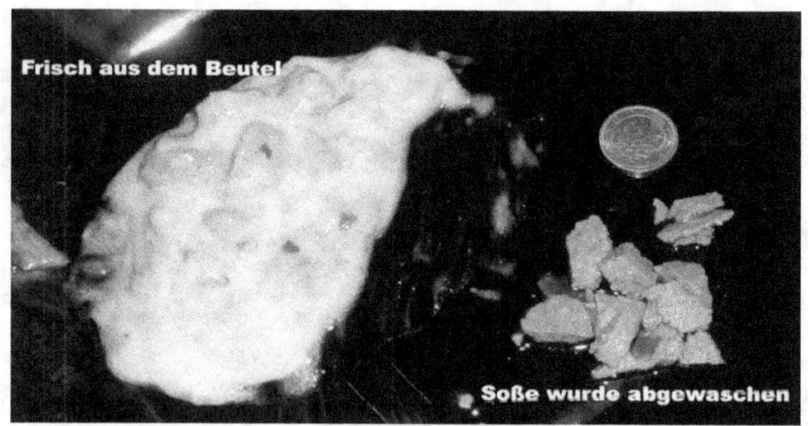

Abbildung 6: Vergleich No. 3 mit und ohne Sauce, ©rgladel

Auch bei diesem Beispiel gibt es wieder eine ähnliche Konsistenz. Es handelt sich eindeutig nicht um Fleischstücke. Die Stücke sind deutlich kleiner als beim zweiten Produkt.

Abbildung 7: Unsere herbeigerufene Katze untersucht das Futter auf ihre Art. ©rgladel

Der Sieger ist eindeutig: Sie bevorzugte Produkt 1, das Zucker enthält. Aber bei dem Futter ist auch das größte Verhältnis von Fett zu Protein vorhanden. Die Katze mochte das magerste Futter am wenigsten.

Vielleicht wundert es Sie, dass hier so viel über gekauftes Futter berichtet wird. Der Grund liegt auf der Hand. Ihre selbst zubereitete Katzennahrung muss mit solchen Produkten sensorisch und geschmacklich konkurrieren. Ihrer Katze ist es egal, ob Ihr Futter gesünder ist oder nicht.

Abbildung 8: So sieht „normales" Hackfleisch aus. ©rgladel

Sie werden bei Katzen, die Nassfutter aus der Fabrik kennen, einen schweren Stand haben, denn die kommerziellen Hersteller haben einen großen Wissensvorsprung. Sie testen in der Regel mit eigenen Katzen, wie ein Futter ankommt und machen außerdem Markterhebungen. Hinzukommt, dass Ihre Katze vermutlich an Nassfutter aus Beuteln, Schalen oder Dosen gewöhnt ist. Deswegen sollten Sie sich die Frage stellen:

Umstellen auf selbst gemachtes Katzenfutter?

Eine plötzliche Futterumstellung ist nie ratsam, denn auch wenn die Katze bereit ist, die neue Kost zu fressen, kann ihre Verdauung rebellieren. Der Organismus gewöhnt sich bei Katzen sehr stark an das Nahrungsangebot. Daher sollte jede Umstellung langsam erfolgen.

Manche Katzen leiden regelrecht unter Neophobie, also einer Angst, ihnen unbekannte Nahrungsmittel auszuprobieren. Meist ist es aber lediglich eine große Skepsis gegenüber etwas Neuem im Napf: „Was der Bauer nicht kennt, frisst er nicht". Ein Sprichwort, das ein typisches Verhalten von Katzen widerspiegelt. Aus Sicht der Katze hat es große Vorteile. Es gibt weder im Tierreich noch bei den Menschen einen Instinkt, der vor giftiger oder unbekömmlicher Nahrung warnt. Was ein Lebewesen isst, basiert auf Erfahrungen, die über Generationen weiter gegeben werden. Das Kätzchen lernt von Mama, was eine Katze frisst. Alles, was eine Katze nicht in dieser Sicherheit kennenlernt, stuft sie zunächst als eventuell ungenießbar ein.

Das Tier reagiert auf den Geruch, den Geschmack und die Konsistenz der Nahrungsmittel. Wenn Katzenmama beim Züchter ausschließlich Katzenfutter einer Marke bekam, lernt der Nachwuchs, dass das Futter genauso zu riechen, schmecken und auszusehen hat. Dieses Verhaltensmuster ist sicher sinnvoll, denn es bewahrt die Wildkatze davor, giftiges Getier zu fressen. Es ist aber problematisch, wenn Sie Ihre Katze an ein neues Futter gewöhnen wollen. Immerhin ist Abwechslung der beste Schutz vor einer Fehlerernährung.

Fertigfutter ist von einer Konsistenz, die sich leicht herunterschlingen lässt. Das ist der Zahngesundheit wenig zuträglich und unnatürlich. Katzen würgen keine ganze Maus in den Magen, sondern zerbeißen sie in kleine Stücke. Eigentlich sollte die Katze also lernen, das Futter zu kauen. Aber genau das kann zu einem großen Problem werden. Manche Mieze besteht darauf, dass zumindest die Konsistenz an das gewohnte Futter erinnert.

Vielleicht möchten Sie aber auch nicht, dass die Katze künftig Fleisch in einer Größe bekommt, die es ihr ermöglicht, mit der „Beute" durch die Wohnung zu tigern. Daher nun zwei Möglichkeiten, wie Sie Katzen dazu überreden können, das selbst hergestellte Futter zu konsumieren.

Tipp: Sie können die Katze leichter an neues Futter heranführen, wenn das Tier hungrig ist. Allerdings sind Katzen auf eine regelmäßige Proteinzufuhr angewiesen. Sie dürfen Ihre Katze also nicht einfach zwei Tage ohne Nahrung lassen. Das kann zu einer schweren Lebererkrankung führen.

Geben Sie für zwei Tage etwas weniger Futter als gewohnt. Füttern Sie außerdem am Tag, an dem Sie das neue Futter erstmalig anbieten, etwa zwei Stunden später als gewohnt.

An großteiliges Futter gewöhnen:

Legen Sie auf das gewohnte Futter etwas von dem neuen Gröberen. Wenn Sie die Teile untermischen, besteht die Gefahr, dass Ihre Katze das gewohnte Futter um die größeren Teile herum frisst. Sie ignoriert die unbekannten Bestandteile. Liegt das Futter aber auf dem üblichen Katzenfutter, muss sie sich damit befassen.

Wenn diese Phase überstanden ist, mischen Sie das neue und das gewohnte Futter im Verhältnis 1 zu 1.

Umstellung auf fein zerkleinertes hausgemachtes Futter:
Geben Sie etwa einen Esslöffel des selbst gemachten Futters unter das gewohnte Futter. Mischen Sie alles sehr gut durch. Ihre Katze lernt den ungewohnten Geschmack kennen.

Im nächsten Schritt, etwa nach 14 Tagen, gewöhnen Sie den Organismus an die neue Kost. Erhöhen Sie langsam den Anteil des selbst hergestellten Futters.

Erfolgsversprechende Tipps:
Mancher verwöhnter Stubentiger besteht auf Futter mit Soße oder Gelee. Sie finden bei den Rezepten daher auch Anleitungen, um Gelee oder Fleischsoße herzustellen. Kaum eine Katze verweigert eine selbst zubereitete Mahlzeit, wenn darüber Ihr Lieblingsfutter als Soße verteilt wird oder Sie Gelee, das ihr mundet, damit vermischen.

Bei ganz hartnäckigen Katzen wirkt ein Pulver auf zermahlenen Leckerli wunder. Dem Geruch und Geschmack können die Tiere nicht wiedererstehen.

Natürliches Jagdverhalten von Katzen

Die Ernährung der Stubentiger unterscheidet sich nicht beim Blick auf die Art der Nahrung. Auch die Beschaffung und das Nahrungsangebot unterscheiden sich erheblich. In der Obhut des Menschen braucht die Katze keine Energie für die Beschaffung der Nahrung einzusetzen. Es macht den Eindruck, dass die Tiere die frei gewordene Energie dafür aufwenden, die Menschen dazu zu bringen, Ihnen das Futter, was ihnen schmeckt, zu servieren.

Viele Katzen sind richtige kleine Nahrungstyrannen geworden. Sie schauen mal kurz in den Napf und fordern lautstark anderes Futter. Da der Mensch in den Augen der Katze funktioniert und nach kurzem Maulen ein vielfältiges Nahrungsangebot ausbreitet, hat die Stubenkatze es nicht nötig, etwas zu fressen, was ihr nicht behagt. Werfen Sie einen Blick auf das Leben der wilden Vorfahren.

Für eine Wildkatze besteht das Leben außerhalb der Paarungszeit aus zwei Komponenten: Jagen und Schlafen. Auch Freigänger verschlafen oft 20 Stunden am Tag. So sparen Katzen viel Energie. Wenn sie nicht hungrig sind, befassen sie sich nicht mit der Jagd. Vögel oder Mäuse, die sich in Sicht- und Hörweite bewegen, interessieren sie oft nicht. Der kleine Jäger nimmt bestenfalls zur Kenntnis, dass sich eine potenzielle Nahrungsquelle in der Nähe befindet.

In der Natur bestimmt ausschließlich der Hunger die Aktivität der Katze. Sie geht auf die Jagd, sobald sich der Hunger bemerkbar macht. Nun legt sie sich auf die Lauer, bis sie Beute vorfindet. Sie kann es sich nicht leisten, wählerisch zu sein. Mit anderen Worten, sie frisst das, was sich erbeuten lässt.

Halten Sie sich das Leben einer Wildkatze vor Augen. Sie kennt keine festen Fütterungszeiten und hat keine Sicherheit, dass sie immer etwas zum Fressen erbeutet.
In der Natur bestimmt das Angebot die Ernährung der Katze. Keine Katze kann es sich erlauben, einfach mal darauf zu bestehen, dass sie Vögel fressen will, wenn es nur Mäuse zu erbeuten gibt. Aber Katzen haben gelernt, dass man sich das Futter in erster Linie durch Geduld erarbeiten muss. Sie lauern über Stunden vor einem Mauseloch oder warten an einer Tränke, bis sich Vögel nähern.

Mit dieser Zähigkeit verstehen es die meisten Katzen, die Menschen zu manipulieren. Das muss sich ändern, wenn Sie bestimmen wollen, was die

Katze frisst. Im anderen Fall werden sie etwa die gleiche Menge Katzenfutter wegwerfen, wie Ihre Katze frisst.

<u>Übrigens</u>: Satte Hauskatzen bauen einen Teil der sich aufstauenden Energie durch Spiel und Jagd ab. Freigänger erbeuten daher meist Mäuse und spielen nur mit Ihnen, aber Sie fressen diese eher selten.

Setzen Sie sich durch

Der Ausblick auf das Leben in der Natur zeigt, dass Ihnen eine Katze im Hinblick auf Geduld und Ausdauer weit überlegen ist. Sie hat außerdem gelernt, dass sie ein ungeliebtes Futter verweigern kann, denn der Mensch gibt nach und bietet ein anderes Futter an. Wenn Sie nicht aufpassen, erzieht Ihre Katze Sie. Leider bestehen Katzen nicht unbedingt auf dem Futter, dass Ihnen bekommt. Außerdem ist es kaum möglich, ein ideales Futter zu kaufen oder selber herzustellen, dass wirklich den Bedarf mit absoluter Sicherheit deckt. Wenn Sie unterschiedliche Arten an Futter geben, gleichen sich Defizite und Überdosierungen aus. Sollte Ihre Mieze aber beispielsweise auf Leber oder Lachs bestehen, bekommt sie zu viel Vitamin A.

Auf der anderen Seite soll die Katze nicht hungern. Das heißt nicht, dass Ihr kleiner Liebling niemals eine Mahlzeit übergehen darf. Wenn das morgendliche Futter nicht schmeckt, stellen Sie es in den Kühlschrank. Vermutlich wird die Katze protestieren, weil Sie das Futter wegräumen. Macht nichts, Sie zeigen damit aber deutlich, dass Sie der Herr über das Futter sind. Holen Sie die Portion etwa eine halbe Stunde vor der nächsten Mahlzeit aus der Kühlung und servieren es etwa eine halbe Stunde später als sonst üblich.

Sie sorgen mit dem Verhalten für eine Verknappung des Futters.

Abbildung 9: Unsere süße Katze beim Fressen. ©majabechner

Ihre Katze verweigert das Frühstück um 8 Uhr. Das Tier jammert oder geht angewidert weg. Solange der gefüllte Napf am Platz bleibt, sieht die Katze keine Veranlassung, ihr Verhalten zu ändern. Sie hat die Sicherheit, dass sie das Futter jederzeit fressen kann, wenn sie hungrig wird.

Sie nehmen das Futter weg und Ihre Katze verliert diese Sicherheit. Das entspricht natürlichen Begebenheiten. Eine Katze kann eine Maus nicht entkommen lassen, denn sie weiß nicht, wann Sie wieder die Gelegenheit hat, eine Beute zu finden.

Normalerweise füttern Sie die nächste Mahlzeit um 12 Uhr. Da Sie auch die Mittagszeit verstreichen lassen, steigt die Unsicherheit der Katze. Sie hat Hunger und keinerlei Sicherheit, ob sie etwas zu fressen findet. In dieser Situation ist sie eher bereit, das ursprünglich verschmähte Futter zu nehmen. Diesen Effekt der Verknappung gibt es auch bei uns Menschen und wird Reaktanz genannt. Knappe Güter kommen uns wertvoller vor.

Nahezu aussichtslos – Futterumstellungen bei Freigängern

Kaum ein Freigänger geht ernsthaft auf die Jagd, aber die meisten Katzen haben diverse Schlaf- und Futterplätze in der Umgebung. Ein Katzenbesitzer hat sich mal die Mühe gemacht, den Tagesablauf des kastrierten Katers mit dem Namen Bubu zu erforschen. Er konnte durch eine Katzentür jederzeit ins Haus.

- Um 6 Uhr bekam Bubu eine Mahlzeit.
- Um 7 Uhr 30 verließen die Menschen zusammen mit Bubu das Haus. Zuvor stellten Sie einen Napf mit Trockenfutter hin.
- Spätestens um 7:45 Uhr mauzte der Kater vor der Terrassentür des Nachbarn zur Rechten. Er wurde eingelassen, bekam etwas Wurst, Schinken oder Käse und schlief bis etwa 11 Uhr im Bücherregal.
- Um 11:30 Uhr war der Kater bei den Nachbarn gegenüber zur Stelle, die ihn Karlchen nannten. Er bekam, was beim Kochen so anfiel.
- Bis etwa 14 Uhr verlor sich die Spur des Katers.
- Gegen 14 Uhr jammerte das Tier drei Häuser weiter bei einer älteren Dame, die um diese Zeit Kaffee trank und immer etwas Kuchen für das „arme herrenlose Tier" überhatte.
- Zwischen 15 und 16 Uhr wurde der Kater bei schönem Wetter auf einem Mauervorsprung gesehen.
- Etwa gegen 17 Uhr verlangte Bubu noch mal Einlass bei den Nachbarn zur rechten Seite. Dort bekam er noch einen Snack und legte sich auf die Fensterbank.
- Sobald er gegen 18 Uhr das Auto seiner Besitzer sah, wollte er raus und ihn begrüßen.

- o Nun begrüßte der Kater die Menschen, die so unverschämt waren, ihn den ganzen Tag alleine zu lassen. Das Trockenfutter hatte Bubu nicht angerührt. Er stürzt sich „ausgehungert" auf das Dosenfutter, welches die Menschen im sofort gaben.
- o Danach schlief das Kerlchen bis etwa 23 Uhr und bekam zwischendurch eine weitere Mahlzeit.

Sie können sicher sein, dass das Leben Ihres Freigängers sich ähnlich gestaltet. Er wird selbst gemachtes Futter nur annehmen, wenn es ihm besser schmeckt als die Snacks, die er im Laufe des Tages bei den Nachbarn erbeutet. Vielleicht schaffen Sie es, den Tagesablauf der Katze herauszufinden und die Nachbarn davon zu überzeugen, der Katze nichts mehr zu geben.

Übrigens: Auch ein verwöhnter Freigänger kommt manchmal auf die Idee, eine Maus zu fressen. Manche Katzen bedienen sich auch an Mausefallen oder fressen leider auch an Gift verendete Mäuse. Bei Ihnen zeigen sich die Tiere dann trotzdem gerne.

Die richtige Zusammensetzung finden

Wie bereits erwähnt, fressen Katzen ganze Kleintiere. Deren Zusammensetzung unterscheidet sich deutlich von reinem Muskelfleisch. Letztendlich stehen Sie vor der schweren Aufgabe, Ihrer Katze eine Maus zu servieren. Üblicherweise haben sich drei Methoden herausgebildet, um das Ziel zu erreichen.

Supplemente verwenden

Hinter dem Wort Supplement verbirgt sich schlicht und einfach der Begriff „Ergänzung". Sie müssen dem Fleisch also die Stoffe zusetzen, die ihm fehlen, um zur „Maus" zu werden. Supplemente können einen natürlichen Ursprung haben, etwa Eierschale oder Algenkalk. Naturprodukte sind allerdings in der Zusammensetzung nicht einheitlich. Dies ist aber in der

Regel tolerierbar, da Sie ohnehin nie die genaue Zusammensetzung des Fleisches kennen. Aus diesem Grund beginnt jede Abhandlung zu dem Thema mit Sätzen wie: „Welche Supplemente Sie zugeben müssen, hängt vom Gewicht und der Aktivität der Katze ab sowie von den verwendeten Fleischsorten."

Bei der Methode steht eine chemische Analyse der Maus und des Fleisches im Vordergrund. Sie versuchen das Fleisch durch die Zugabe von Ergänzungsmitteln zu verändern, damit es einer Maus ähnelt. Eine Tagesportion „Maus" besteht in der Regel aus 11 Mäusen, die zusammen etwa 220 g wiegen. Sie enthalten etwa 42 g Protein, 14 g Fett, 0,8 g Vitamin A, 6 mg Vitamin E, 0,8 mg Eisen, 1.450 mg Calcium, 1.100 mg Phosphor und 390 mg Taurin. Die gleiche Menge Hühnerbrust besteht aus 49 g Protein, 5,5 g Fett, 0,04 g Vitamin A, 0,6 mg Vitamin E, 0,8 mg Eisen, 11 mg Calcium, 470 mg Phosphor und 29 mg Taurin. Sie müssen also das Muskelfleisch erheblich verändern, um es Maus ähnlicher zu gestalten.

Rezepte mit Supplement erfordern in der Regel viele Zutaten, die Sie abwiegen müssen. Diese Methode eignet sich eher für wissenschaftlich veranlagte Menschen. Sie finden passende Rezept in der Rezept-sammlung.

Überblick über verschiedene Supplemente:
easy B.A.R.F.: Pektine, Natriumchlorid, Magnesiumoxid sowie Vitamine. Geringer Vitamin A-Gehalt, damit auch Leber zugefüttert werden kann. Enthält kein Calcium und Phosphat, also auch bei Knochenfütterung geeignet.

Calziumcitrat: Calciumsalz der Zitronensäure. Dient der Versorgung mit Calcium.

Calciumkarbonat: Calciumsalz der Kohlensäure. Dient der Versorgung mit Calcium.

Knochenmehl: Gemahlene Tierknochen. Dient der Versorgung mit Calcium.

Eierschalenpulver: Gemahlene Eierschalen. Dient der Versorgung mit Calcium, wenn keine Knochen vertragen werden.

Seealgenmehl: Gemahlene Ascophyllum-nodosum. Enthält Calcium 1,1 %, Phosphor 0,1 %, Natrium 2,89 % und Jod 0,07 %.

Algenkalk: Gemahlene Lithothamnium-calcareum. Enthält Calcium 34,4 %, Phosphor 0,04 %, Natrium 0,73 %, Magnesium 2,34 % und Kalium 0,04 %.

Taurin: Taurin ist eine organische Säure mit einer Sulfonsäure- und einer Aminogruppe. Die Substanz ist wichtig bei der Regulation der Körpertemperatur und der Gehirnentwicklung. Sie trägt zum Erhalt der Netzhaut und Herzfunktion bei.

Fortain: Trockensubstanz des roten Blutfarbstoffs Hämoglobin. Dient der Eisenversorgung.

Bierhefe: Nicht aktive Hefe. Sie dient der Versorgung mit Vitamin B.

Mit „Franken-Prey" eine Maus nachbauen

Bei dieser Methode setzen Sie sich nicht mit der Zusammensetzung der Maus auseinander. Sie bauen eine Maus nach der Methode, mit der Dr. Frankenstein sein Monster schuf. Der Grundgedanke ist einfach. Sie zerlegen die Maus in die prozentualen Bestandteile. Diese sind dann Basis für die Herstellung des Futters.

Eine Maus besteht zu:
- ✓ 80 % aus Muskelfleisch, davon 5 – 10 % muskulöse Innereien wie Herz oder Magen, Fettanteil mindestens 10 %.
- ✓ 10 % Innereien, davon 30-50 % Leber und 25 % Niere und 25 % andere Innereien (wie Milz, Hirn, Hoden, Lunge)
- ✓ 10 % reine Knochen

Vielfach wird auch diese Zusammensetzung angenommen:
- ✓ 85 % Muskelfleisch (auch Herz, Magen, Fett, Haut, Sehnen und Bindegewebe),
- ✓ 5 % Knochen,
- ✓ 5 % Leber
- ✓ 5 % anderem Innereien (Milz, Hirn, Hoden, Lunge)

Die Methode geht davon aus, dass wenn Sie das Futter aus beliebigen Fleischsorten zusammenstellen und dabei die erwähnte Zusammensetzung beachten, es zu keinen Mangelerscheinungen kommen kann. Skeptiker der Methode setzen meist zusätzlich Supplemente ein. Sie finden für beide Methoden Rezepte in der Rezeptsammlung.

Prey Model Raw (PMR) – Kleintiere verfüttern

Bei dieser Methode füttern Sie Ihre Katze immer artgerecht. Nur ist das Verfüttern von Küken und ganzen Mäusen für tierliebende Menschen belastend. Auch wenn Kinder im Haus sind, ist es sicherlich nicht einfach zu erklären, wieso bei der Katze niedliche Mäuse und Küken im Napf liegen.

Den Satz „Katzen würden Mäuse kaufen", sollten Sie nicht glauben. Kinder würden auch nicht lieber gesundes Gemüse essen statt Schokolade. Freigänger pflegen zwar Kleintiere zu jagen und auch oft zu töten, aber das ist der Jagdinstinkt. Viele Katzenhalter erleben häufig, dass die Katzen mit Mäusen spielen oder die Beute (lebendig oder tot) ins Haus bringen, um sich anschließend am Napf zu bedienen. Gehen Sie also nicht davon aus, dass Ihre Katze von solcher Nahrung begeistert ist.

Beim Kauf der Futtertiere sollten Sie aus Tierschutzgründen auf die Herkunft achten. Prinzipiell ist die Zucht von Tieren, die der Ernährung anderer Tiere dienen sollen, erlaubt. Eintagsküken stammen in der Regel aus der Zucht von Legehennen. Es handelt sich um männliche Küken, die von den Farmen ohnehin getötet werden.

Andere Futtertiere wie Mäuse und Ratten werden entweder privat oder kommerziell gezüchtet. Kommerzielle Züchter müssen nachweisen, dass Sie die Tiere schmerzlos töten, aber eine artgerechte Haltung ist nicht vorgeschrieben. Private Züchter, die gelegentlich Tiere zum Verfüttern anbieten, müssen diese artgerecht halten. Sie müssen ebenfalls Kenntnisse über ein schmerzloses Töten nachweisen, eine Kontrolle erfolgt aber nicht.

Beschaffung der Zutaten

Muskelfleisch können Sie günstig im Supermarkt oder beim Discounter kaufen. Aber Sie sollten sich für eine gute Qualität und deswegen am besten für Biofleisch entscheiden.

Innereien sind meist schwerer zu beschaffen, denn in Deutschland werden diese kaum von Menschen verzehrt. Eine gute Quelle sind Metzgereien oder Bauern, die selber schlachten. In vielen Städten und im Internet gibt es Spezialgeschäfte, die Fleisch als Tiernahrung anbieten.

Sie müssen kein frisches Fleisch kaufen, denn Sie können auch Gefrierfleisch verwenden. Beachten Sie die Hinweise zum Auftauen und erneutem Einfrieren unter „Umgang mit Zutaten und Futter".

Natürliche Supplemente erhalten Sie in Drogeriemärkten. Ansonsten sind Tierfuttergeschäfte und spezielle BARF-Shops eine gute Quelle.

Fleisch ist Fleisch, daher macht es keinen Unterschied, ob Sie Fleisch für Menschen, Hunde oder Katzen kaufen. Fertige Mischungen müssen aber auf das Tier abgestimmt sein. Eine BARF-Fertigmahlzeit für Hunde eignet sich nicht als Katzenfutter.

Fleisch, das ausschließlich als Tiernahrung angeboten wird, ist nicht minderwertig. Kategorie-3-Fleisch enthält zwar Abfälle und Nebenprodukte aus Schlachtbetrieben, Küchen- und Speiseabfälle sowie

Lebensmittel tierischen Ursprungs, die nicht für den menschlichen Verzehr geeignet sind, aber das Wort Abfall dürfen Sie nicht falsch verstehen. Es handelt sich beispielsweise um Knorpel und Sehne, die für Katzen sehr bekömmlich sind. Auch Kopffleisch, das aus Backenfleisch sowie die Lefzen und anderem Maulfleisch besteht, ist enthalten. In einigen Regionen ist ein Ochsenmaulsalat nach wie vor eine Delikatesse. Das Fleisch landet lediglich im Tierfutter, da es nur noch selten von Menschen gegessen wird und es daher ein Überangebot gibt.

Grundausstattung für die Katzenküche

In den meisten Küchen dürfte alles vorhanden sein, was Sie für die Herstellung von Katzenfutter an Werkzeugen benötigen. Aber vielleicht möchten Sie das Tierfutter lieber getrennt von menschlicher Kost herstellen?

Sie benötigen eine große Schüssel, um das Futter zu mischen, ein sehr scharfes Messer und einen Messerschärfer, um das Messer regelmäßig nachzuschärfen. Ferner ist ein Schneidebrett wichtig. Entscheiden Sie sich für eines aus Holz oder Kunststoff, denn Glas macht das Messer stumpf.

Natürlich ist auch eine Küchenwaage mit Grammeinteilung erforderlich, um das Fleisch abzuwiegen. Die weitere Grundausstattung besteht aus kochfesten Tüchern, Papiertüchern und einem Messbecher, um Flüssigkeiten abzumessen. Falls Sie Probleme haben, rohes Fleisch anzufassen, sind Einmalhandschuhe sehr nützlich.

Wenn Sie Supplemente verwenden, benötigen Sie außerdem eine Feinwaage mit einer Genauigkeit von 0,01 g. Ein Fleischwolf ist sinnvoll, wenn Sie ganze Fleischstücke kaufen, die sie selber wolfen wollen. Ein Mixer oder Pürierstab ist hilfreich, wenn die Katze immer wieder Bestandteile wie Leber oder Nieren aussortiert. Mit diesen Geräten stellen Sie einen Brei her, den auch eine akribische Katze nicht mehr verändern kann.

Je nach Ausgangsmaterial ist auch ein Beil eine sinnvolle Anschaffung. Mit ihm zerkleinern Sie Hühnerhälse und Flügel effektiver als mit einer Geflügelschere. Soll das Katzenfutter gekocht werden, brauchen sie auch einen großen Kochtopf.

Beachten Sie außerdem die Hinweise zur Aufbewahrung des fertigen Futters. Sie brauchen eventuell Gefrierdosen, Gefrierbeutel oder Gläser, um das Futter in Portionsgröße aufzubewahren.

Liste der benötigten Werkzeuge:

- große Schüssel
- sehr scharfes Messer
- Messerschärfer
- Schneidbrett aus Holz oder Kunststoff
- Küchenwaage
- kochfeste Tücher
- Papiertücher
- Messbecher
- (Einmalhandschuhe)
- Gefrierbeutel, Gefrierdosen oder Gläser

Je nach Methode und Rezept

- Feinwaage (0,01 g Genauigkeit)
- Fleischwolf
- Mixer oder Pürierstab
- Beil, Geflügelschere
- Großer Kochtopf

Grundsätzliches zu den Rezepten

Das Buch soll Ihnen die Möglichkeit gegen selbst schmackhaftes und gesundes Katzenfutter herzustellen. Eigentlich war das Ziel, dass Sie ohne zu rechnen, alles sofort nachmachen können. Leider ist dies nicht möglich.

Der Tagesbedarf einer Katze hängt von deren Gewicht und Aktivität ab. Das bedeutet, dass es ohne rechnen kaum gehen wird. Wenn ein Rezept auf die Bedürfnisse einer agilen Katze von 4 Kilogramm passt, nützen Ihnen die Mengenangaben nichts, wenn Ihre Katze 6 Kilogramm wiegt und sehr ruhig ist.

Ein weiteres Problem ergibt sich aus den relativ kleinen Portionsgrößen. Sie müssen beispielsweise um 200 Gramm Futter nach „Franken-Prey" herzustellen, 10 Gramm Leber zufügen. In diesen Mengen werden Sie kaum einkaufen können.

Mengenangaben im Rezept

Aus den genannten Gründen finden Sie in dem Buch zwei Arten von Rezepten: Grundnahrung und Einzelmenüs.

Rezepte für die Grundnahrung sind auf ein Kilogramm der Hauptzutat Fleisch ausgelegt. Je nach Rezept ergibt dies 1.100 bis 1.200 g fertiges Futter.
Diese Menge lässt sich recht gut handhaben und ist eine gute Lösung, wenn Sie eine Katze haben. Bei mehreren Tieren sollten Sie alle Zutaten verdoppeln beziehungsweise verdreifachen.

Fertiges Futter, das Sie nicht innerhalb von 2 Tagen verfüttern können, sollten Sie portionsweise einfrieren oder in Gläsern konservieren. Genaueres finden Sie im Kapitel "Umgang mit Zutaten und Futter".

Die **Rezepte für Einzelmenüs** ergeben in der Regel eine Tagesration, also 3 bis 4 Mahlzeiten, für eine Katze. Die Menüs sind nicht absolut ausgewogen, dürfen daher nicht ausschließlich verfüttert werden. Die Menge ist je nach Katze manchmal etwas zu klein oder zu groß für eine Tagesration. Die kleinen Menüs eignen sich, um Reste zu verwerten, die bei der Zubereitung größerer Mengen Katzenfutter oft übrig bleiben. Sie können auch eine entsprechende Menge der Zutaten beim Kochen von Menschennahrung für die Katze zurücklegen und eines der Menüs kochen. Geben Sie nicht mehr als eine Tagesration pro Woche von diesen Menüs.

Die richtige Portionsgröße ermitteln

Katzen benötigen je Kilogramm Körpergewicht zwischen 25 und 33 g Katzenfutter am Tag. Nutzen Sie die Tabelle, um die richtige Portionsgröße zu ermitteln:

Gewicht der Katze	Kaum Aktivitäten (Typ: z.B. Perserkatze)	Bewegt sich relativ viel (Typ: z.B. Hauskatze)	Ständig in Bewegung (Typ: z.B. Sphinxkatze)
4,0 kg	100 g	120 g	132 g
4,5 kg	112 g	135 g	148 g
5,0 kg	125 g	150 g	165 g
5,5 kg	137 g	165 g	181 g
6,0 kg	150 g	180 g	198 g
6,5 kg	162 g	195 g	214 g
7,0 kg	175 g	210 g	231 g
7,5 kg	187 g	225 g	247 g
8,0 kg	200 g	240 g	264 g
8,5 kg	212 g	255 g	280 g
9,0 kg	225 g	270 g	297 g

Verteilen Sie die Tagesration auf 3 bis 4 Mahlzeiten. Die Angaben sind Richtwerte und sollten wie immer am besten mit einem Tierarzt abgestimmt werden. Es ist beispielsweise kein Problem, wenn Sie einen Tag eine größere Ration geben und am nächsten etwas weniger.

Letztendlich entscheidet das Gewicht der Katze. Kontrollieren Sie es mindestens einmal in der Woche. Übergewichtige Tiere sollen kontinuierlich abnehmen, untergewichtige sollten zunehmen. Geben Sie in dem Fall etwas mehr Fett ins Futter. Ansonsten ist ein konstantes Gewicht erwünscht.

Tipp: Steigen Sie mit der Katze auf dem Arm auf eine Personenwaage und notieren sie das Gesamtgewicht. Wiegen Sie sich direkt anschließend ohne Katze. Die Differenz ist das Gewicht des Tieres.

Achten Sie außerdem auf die Beschaffenheit des Fells und auf Veränderungen des Kots oder des Urins. Bei sehr festem Kot sollten Sie beispielsweise die Ballaststoffe leicht erhöhen. Vielleicht trinkt ihre Katze auch zu wenig?

Zum Trinken animieren

Nur wenige Katzen trinken in ausreichenden Mengen. Dies liegt zum Teil auch daran, dass der Mensch in der Regel den Wassernapf neben den Futternapf stellt. In der Natur fressen Katzen selten neben dem Wasser. Dort herrscht meist reger Verkehr, weil Tiere unterschiedlicher Art die Wasserstellen nutzen. Sie hat dort keine Ruhe zum Fressen. In den Augen der Katze passt es nicht, wenn sich beim Futter Wasser befindet.

Abbildung 10: Manche Katzen bevorzugen Wasserspender statt Schüsseln.

Stellen Sie an verschiedenen Stellen in der Wohnung und auch im Freien Näpfe mit frischem Wasser für die Katze bereit. Manche gewöhnen sich einen Streifzug durch das Revier an, bei dem sie an jeder Wasserstelle etwas trinken. Je mehr Näpfe die Katze vorfindet, umso mehr trinkt sie. Außerdem können sie die Vorliebe der Katzen für fließendes Wasser nutzen. Spezielle Trinkbrunnen für Katzen sind eine perfekte Lösung.

Abbildung 11: Die Katzen lieben unseren Trinkbrunnen, © rgladel

Die sehr menschenbezogenen Katzen lernen schnell, dass Herrchen oder Frauchen fließendes Wasser „erzeugen können". Mancher Katzenbesitzer berichtet, dass die Katze sofort zur Stelle ist, wenn man Blumen gießt. Sofern sich kein Dünger in der Gießkanne befindet, spricht nichts dagegen, wenn die Katze das frisch aus der Kanne strömende Wasser trinkt. Natürlich ist Wasser frisch aus dem Wasserhahn ebenso beliebt. Wundern Sie sich nicht, wenn Ihre Katze lernt, diesen zu bedienen. Sie wird aber das Wasser nicht abstellen, wenn sie getrunken hat.

Soße und Gelees berücksichtigen

Wenn Sie gelegentlich einen Teelöffel mit Soße oder Gelee dem Futter zufügen, müssen Sie diese Menge bei der Tagesration nicht berücksichtigen. Anders sieht es aus, wenn Ihre Katze das Futter nur mag, sobald es mit Gelee überzogen ist oder in Soße schwimmt.

Im Hinblick auf die Kalorien rechnen Sie die Zugabe etwa zur Hälfte auf die Tagesration an:
Beispiel: Ihre Katze braucht nach der Tabelle 120 g Futter. Sie geben 20 g Soße oder Gelee hinzu. Dafür kürzen Sie die Ration um 10 g. Ihre Katze bekommt also 110 g Futter und 20 g Soße oder Gelee. Das sind Richtwerte. Wenn Ihre Katze nicht zunimmt, obwohl sie etwas mehr Futter als in der Tabelle ausgewiesen bekommt, gibt es keinen Grund, die Ration zu kürzen.

Drei Aspekte, die Sie nie aus den Augen verlieren dürfen.

Die Zusammenfassung soll Ihnen noch mal verdeutlichen, was Sie bei der Ernährung einer Katze beachten müssen. Es geht um Mangel, Abwechslung und Ausgewogenheit des Futters.

Mangel: Viele Katzenhalter stellen den Tieren unterbrochen Futter zur Verfügung. Reste vom Nassfutter bleiben im Napf, damit die Katze sich später bedienen kann. Außerdem steht ständig ein Napf mit Trockenfutter bereit. Ihre Katze muss also nicht das Fressen, was Sie ihr anbieten. Sie weiß, dass sie zumindest immer auf Trockenfutter zugreifen kann. So werden Sie das Tier nicht überreden, neues Futter zu probieren. Verdeutlichen Sie der Katze, dass sie nicht zu jederzeit etwas zu fressen findet. Füttern Sie zu festen Uhrzeiten und räumen Sie das gesamte Futter nach jeder Mahlzeit ab. Wenn Ihr süßer befellter Tyrann sehr wählerisch ist, füttern Sie eine halbe bis eine Stunde später. Futter darf für die Mieze nicht zu selbstverständlich sein.

Abwechslung: Ihre Katze steht eher auf festen Gewohnheiten. Allerdings mussten ihre Vorfahren sich nach dem vorhandenen Nahrungsangebot richten. Sie fraßen, was sich erbeuten ließ. Feste Fressgewohnheiten entsprechen weder der Natur der Katze noch sind sie im Alltag zweckmäßig. Besonders wenn Sie das Futter selbst herstellen, gelingt es selten, immer für gleichbleibendes Futter zu sorgen.

Ausgewogenheit: Es ist nicht nötig, dass jede Portion alle Nährstoffe enthält, die Ihre Katze braucht. Servieren Sie im Wechsel Barf mit Supplementen, Futter nach „Franken-Brey" und selbst gekochte Gerichte. Auch Nassfutter aus dem Fachhandel hat seine Berechtigung auf dem Speiseplan. Durch solche Wechsel gleichen Sie Defizite und Überdosierungen aus.

Umgang mit Zutaten und Futter

Wenn Sie fertiges Katzenfutter kaufen, müssen Sie sich keine Gedanken darübermachen, wie Sie die Zutaten und das Futter konservieren. Dies sieht natürlich anders aus, wenn Sie das Futter selber herstellen. Daher sollen Sie in dem Kapital alles Wichtige zu dem Thema erfahren.

Es ist Ihnen überlassen, ob sie das Futter in Größe einer Mahlzeit (25-75 g) oder einer Tagesration (100 bis 300 g) konservieren. Praktischer sind

Tagesrationen. Das Futter hält im Kühlschrank in der Regel 1 – 2 Tage.

Sie werden auch damit konfrontiert, wie Sie die Zutaten für das Futter haltbar machen, denn es ist schier unmöglich, immer exakt die Menge an frischem Fleisch zu kaufen, die Sie für die Zubereitung des Katzenfutters benötigen. Meist bleibt ein Teil der Innereien über. Sie stehen vor dem Problem, ob Sie die Reste tiefgefrieren und bei er nächsten Zubereitung auftauen sollen. Sie haben schließlich gelernt, dass man Fleisch nicht erneut einfrieren darf. Aber wenn Sie wieder eine große Ration vorbereiten, müssen Sie das Futter irgendwie anschließend portionsweise konservieren.

Das Wissen, das man Tiefgekühltes nicht erneut einfrieren darf, stammt nicht aus einer wissenschaftlichen Untersuchung. 1988 trat eine EU-Richtlinie in Kraft. Daher schreiben die Hersteller auf die Packungen mit Gefriergut, dass ein erneutes Einfrieren nicht möglich sei. Dies geschieht aus Haftungsgründen, weil falsches Auftauen und Gefrieren ein Hygieneproblem darstellt. Aber eine Katze wird ausgezeichnet mit Keimen fertig, an denen Menschen erkranken. Ein anderer Grund, der gegen ein wiederholtes einfrieren spricht, ist die Tatsache, dass Aussehen und Konsistenz leiden. Beides können Sie bei Tierfutter vernachlässigen.

Fakt ist, dass Tiefgefrieren zwar in der Regel alle Parasiten abtötet, aber viele Keime die Kälte überleben. Deren Vermehrung wird durch die niedrigen Temperaturen lediglich gebremst beziehungsweise verhindert. Ferner ist es ein Fakt, dass durch das Gefrieren die Zellstruktur aufgebrochen wird. Das so veränderte Fleisch ist ein guter Nährboden für Keime.

<u>Daher gilt die Regel:</u>
Langsam Auftauen – Schnell gefrieren

Auftauen

Sobald die Temperatur -18 Grad Celsius übersteigt, werden Keime und Enzyme wieder aktiv. Besonders in der Flüssigkeit, die austritt, befinden sich zahlreiche Keime. Wenn ein größeres Fleischstück bei Zimmertemperatur auftaut, erreicht die Oberfläche schnell eine Temperatur, bei der sich die Keime ausgezeichnet vermehren. Das austretende Wasser nimmt besonders schnell höhere Temperaturen an. Nach ein paar Stunden haben sich die Keine im Wasser und an der Oberfläche stark vermehrt, während der Kern noch gefroren ist.

Wenn Sie das Fleisch luftdicht verpackt in warmem Wasser auftauen, verstärkt sich dieser Effekt erheblich, ebenso in der Mikrowelle. Aus diesem Grund sollten Sie Folgendes beim Auftauen beachten:

- ➢ Legen Sie das Fleisch auf ein Sieb, um zu verhindern, dass es im Tauwasser liegt.
- ➢ Tauen Sie im Kühlschrank auf.
- ➢ Verhindern Sie unter allen Umständen, dass die Flüssigkeit mit Lebensmitteln in Berührung kommt.

Wenn Sie das Fleisch auf diese Art auftauen, bleiben Oberfläche und abtropfende Flüssigkeit kühl. Daher vermehren sich die Keime deutlich langsamer. Insgesamt ist die Keimbelastung geringer, obwohl das Fleisch deutlich länger braucht, bis es aufgetaut ist.

Temperatur	Wachstum der Keime
0 – 2 °C	Stark gehemmt; Nur gelegentliche Zellteilung
3 – 5 °C	Gering; Zellteilung erfolgt in längeren zeitlichen Abständen.
6 – 20 °C	Merklich; die Anzahl der Teilungen nimmt mit steigender Temperatur zu.
20 – 60 °C	Massiv; Die Keimzahl verdoppelt sich etwa aller 20 Minuten.

Unten im Kühlschrank, direkt über dem Gemüsefach herrschen üblicherweise Temperaturen von 2° C. Dort vermehren sich Keime auf der Oberfläche des Fleisches kaum. Im Fach darüber sind es bereits 5 bis 7 °C, das Keimwachstum ist zwar noch gering, aber schon deutlich stärker. Bei Raumtemperatur liegt ein exponentielles Wachstum vor.

Der austretende Fleischsaft enthält wasserlösliche Vitamine und Taurin. Daher befürworten manche Fachleute ihn dem Futter zuzugeben, da Katzen von den Keimen nicht erkranken. Sie können ihn aber auch entsorgen, denn die fettlöslichen Vitamine bleiben erhalten. Taurin und wasserlösliche Vitamine können Sie später in beliebiger Dosis zufügen, da eine Überdosierung meistens unproblematisch ist. Wenn Sie das Futter erhitzen, können Sie den Saft bedenkenlos verwenden.

Tipp: Wenn Sie große Fleischportionen, die Sie nur zum Teil für die aktuelle Produktion brauchen, auftauen wollen, tauen Sie das Fleisch nur so weit an, dass Sie es bedarfsgerecht portionieren können. Geben Sie nicht benötigte Portionen in Portionsgröße sofort wieder in die Tiefkühlung (Beispiel: Sie haben 500 g Leber und brauchen bei jeder Zubereitung 50 g. Zerteilen Sie die Leber, sobald es geht und legen Sie 9 Pakete zu 50 g sofort wieder in den Tiefkühler.).

Einfrieren

Bei diesem Vorgang soll die Temperatur sowohl an der Oberfläche als auch im Kern rasch sinken. Daher ist es wichtig, den Gefrierschrank oder die Tiefkühltruhe bereits einige Stunden zuvor auf „Schnellgefrieren" zu stellen. Verpacken Sie das Gefriergut in Beuteln oder flache Schalen. Das gilt sowohl für den Vorrat als auch für Zutaten, die Sie für eine spätere Verwendung aufheben.

Jede Truhe und jeder Gefrierschrank besitzt Plätze, an denen die Temperatur sehr niedrig ist. Legen Sie das Gefriergut dort ein. Es soll einen möglichst großflächigen Kontakt zum Gerät haben. Stapeln Sie Beutel und Dosen beim Einfrieren nicht.

Die Bedienungsanleitung Ihres Kühlgeräts gibt genau Auskunft über das optimale Einfrieren. Bei Tiefkühlschränken ist es meist ratsam, die unterste Schublade aus dem Gerät zu nehmen und die Päckchen unten auf den Boden des Geräts zu legen.

Tipp: Füllen Sie gehacktes (gewolftes) Fleisch in einen etwas größeren Gefrierbeutel und walzen Sie es mit einem Teigroller (Backroller) flach, bevor Sie den Beutel verschließen.

Fertige Portionen können Sie in kleinen Gefrierdosen einfrieren. Alternativ füllen Sie diese in Plastikbecher oder in die kleinen Aluschälchen, in denen Katzenfutter angeboten wird. Legen Sie einen großen Gefrierbeutel in die Kühlung und stellen Sie die Becher nebeneinander in den Beutel. Schließen Sie ihn. So eingefroren können Sie das Katzenfutter bequem portionsweise entnehmen.

Einkochen des Futters

Vielleicht erscheint es Ihnen antiquiert, das Katzenfutter einzukochen. Dabei hat diese Konservierungsmethode einen großen Vorteil: Sie blockieren keinen Platz im Gefrierschrank und das Futter lässt sich außerdem gut mitnehmen.

Sie können Katzenfutter ausgezeichnet in Schraubdeckelgläser füllen und darin konservieren. Das Futter ist natürlich nach dem Sterilisieren nicht mehr roh.

Ideal sind kleine Gläser mit Schraubdeckeln aus Metall, in denen Marmelade, Wurst oder Fleisch waren. Beim Öffnen muss deutlich ein Widerstand zu überwinden sein und es knackt beim Öffnen. Das Geräusch entsteht, weil im Glas ein Unterdruck herrscht, der den Deckel leicht nach innen wölbt. Beim Öffnen gleicht sich der Druck aus und der Deckel springt mit dem typischen Geräusch nach außen.

Ungeeignet sind Gläser mit Kunststoffdeckeln oder Metalldeckeln, die Sie beim Öffnen verbiegen müssen.

- Kochen Sie die Gläser und Deckel für 2 - 3 Minuten in sprudelndem Wasser. Nehmen Sie die Gläser mit einer Zange aus dem Wasser und stellen Sie diese auf ein sauberes Tuch.
- Füllen Sie das Futter ein. Achten Sie darauf, dass Sie den Rand der Gläser nicht beschmutzen. Verwenden Sie am besten einen sogenannten Marmeladentrichter.
- Geben Sie Wasser oder ungewürzte Fleischbrühe hinzu. Die Gläser sollen bis maximal zwei Zentimeter unter dem Rand befüllt werden.
- Schrauben Sie den Deckel auf.
- Lege Sie ein gefaltetes Geschirrhandtuch in einen großen Topf und stellen Sie die so vorbereiteten Gläser hinein. Das Tuch verhindert, dass die Gläser platzen.
- Füllen Sie nun den Topf mit lauwarmem Wasser, bis die Gläser zu einem Drittel bedeckt sind. Kochen Sie das Wasser langsam auf.
- Legen Sie einen Deckel auf den Topf und lassen Sie das Wasser etwa 90 Minuten kochen, bevor Sie die Wärmezufuhr abstellen.
- Lassen Sie die Gläser im Topf abkühlen. Wenn der Deckel dicht geschlossen hat, ist er leicht nach innen gewölbt und lässt sich nicht eindrücken.

So konserviertes Katzenfutter hält an einem kühlen, dunklen Ort mehrere Monate. Sie haben also immer einen Vorrat an Katzenfutter, selbst wenn der Gefrierschrank nicht funktioniert.

Die Rezeptsammlung

Kleine Menüs für besondere Gelegenheiten

Sie können die Gerichte auch in größeren Portionen zubereiten und portionsweise einkochen oder eingefrieren. Bitte beachten Sie, dass die kleinen Menüs nicht vollwertig sind und daher nicht ausschließlich verfüttert werden sollen. Immer, wenn von Öl die Rede ist, sind meistens keine pflanzlichen Öle gemeint, da Katzen die meisten pflanzlichen Öle nicht verwerten können.

Fleischmenüs

Hühnerbrust mit Ei

1 Hühnerbrüstchen

1 TL Butter

1 EL gekochter Reis oder gekochte Nudeln

1 TL Eigelb

Zubereitung:
- ✓ Dünsten Sie die Hühnerbrust in Butter weich.
- ✓ Sobald das Fleisch abgekühlt ist, schneiden Sie es in kleine Würfel.
- ✓ Mischen Sie Reis beziehungsweise Nudeln mit dem Eigelb und dem Fleisch.

Geflügel mit Créme Fraiche

100 g Geflügel (Pute, Huhn)

30 g Reis

1 EL Crème fraiche

1 TL Butter

<u>Zubereitung</u>:
- ✓ Schneiden Sie das Fleisch in sehr kleine Würfel.
- ✓ Kochen Sie den Reis ohne Salz 25 Minuten in Wasser.
- ✓ Während der Reis kocht, braten Sie das Fleisch kurz in Butter an.
- ✓ Gießen Sie den Reis zum Abtropfen in ein Sieb.
- ✓ Sobald alles abgekühlt ist, mischen Sie die Zutaten.

Geflügel in Aspik

Für die Gelee-Freunde unter den Katzen

50 g Hühnerfleisch

50 g Entenfleisch

15 g Eisbergsalat

10 g gekochter Reis

1 TL Sesamöl

200 ml selbstgekochte Hühnerbrühe

3 Blatt Gelatine

<u>Zubereitung</u>:
- ✓ Weichen Sie die Gelatine in kaltem Wasser ein.
- ✓ Schneiden Sie das Fleisch in kleine Würfel.
- ✓ Nun dünsten Sie das Fleisch im Öl an und löschen es anschließend mit der Brühe ab.
- ✓ Das Fleisch muss nun 10 Minuten bei milder Hitze garen.
- ✓ Schneiden Sie den Salat in feine Streifen.
- ✓ Heben Sie das Fleisch aus der Brühe und mischen Sie es mit dem Salat und dem Reis.
- ✓ Nun verteilen Sie die Mischung auf drei Förmchen. Ideal sind die Aluschälchen, in denen Katzenfutter angeboten wird.
- ✓ Lösen Sie die ausgedrückte Gelatine in der noch warmen Brühe auf.
- ✓ Die in der Brühe gelöste Gelatine wird nun auf die Mischung in den Förmchen geschüttet.
- ✓ Das Gelee erstarrt nach etwa 3 Stunden im Kühlschrank.

Rind mit Ei

100 g Rind (Gerne auch die Teile, die Sie von Steaks oder Braten vor dem Garen abschneiden.)

1 gekochtes Ei

3 TL fein geraspelte Karotten

1 TL Butter

Zubereitung:

✓ Schneiden Sie das Fleisch und das Ei getrennt in winzige Würfel.

✓ Das Fleisch braten Sie nun in der Butter an und garen es bei milder Hitze.

✓ Sobald es etwas abgekühlt ist, fügen Sie das Ei und die Karotten zu.

Eierspeise mit Joghurt

1 hart gekochte Eier

50 g Rinderhack

Naturjoghurt 3,5 % Fett

Zubereitung:

✓ Schneiden Sie das Ei sehr klein.

✓ Braten Sie das Rinderhack ohne Fett in einer beschichteten Pfanne.

✓ Wenn das Fleisch abgekühlt ist, mischen Sie es mit dem Ei.

✓ Um die gewünschte Konsistenz zu erreichen, geben Sie Joghurt zu.

Lamm und Kartoffeln

100 g Lammfleisch

1 EL Kartoffelbrei (mit Wasser zubereitet) oder eine kleine gewürfelte gekochte Kartoffel

Etwas Öl

Zubereitung:

✓ Braten Sie das Lammfleisch rundherum in Öl an. Es soll innen noch rosa sein.

- ✓ Wenn vorhanden, geben sie selbst gemachte ungewürzter Fleischbrühe, ansonsten Wasser hinzu.
- ✓ Köcheln Sie das Fleisch kurz und heben Sie es aus der Brühe.
- ✓ Wenn es abgekühlt ist, schneiden Sie es in kleine Würfel.
- ✓ Mischen Sie nun das Lammfleisch mit den Kartoffeln.

Fleischtopf mit Gemüse

100 g Muskelfleisch (beispielsweise Fettränder, die Sie von einem Braten abschneiden.)

1 EL gekochter Reis oder Getreideflocke

1 EL klein geschnittenes Gemüse (kein Zwiebelgemüse)

1 EL Butter

1 Prise Salz

<u>Zubereitung</u>:
- ✓ Schneiden Sie das Fleisch in sehr kleine Stücke.
- ✓ Nun dünsten Sie das Gemüse mit Salz und Butter in einem Topf.
- ✓ Geben Sie den Reis oder Flocken zu.
- ✓ Das Fleisch soll nun einige Minuten in der Mischung garen.

Hinweis: Sie können das Fleisch auch roh unter die abgekühlte Gemüsemischung heben.

Fleisch, Spinat mit Ei

100 g Fleisch (beliebig, kein Schwein)

50 g Eigelb (roh)

50 g gekochter Reis

25 g Spinat

1 EL Butter

0,2 – 0,3 g Taurin

<u>Zubereitung</u>:

- ✓ Köcheln Sie den Reis etwa 15 Minuten.
- ✓ Geben Sie den Spinat zu und köcheln Sie alles Weitere 10 Minuten.
- ✓ Um das Kochwasser abzugießen, benutzen Sie ein Sieb.
- ✓ In der Zwischenzeit schneiden Sie das Fleisch in kleine Würfel.
- ✓ Dünsten Sie es in der Butter weich.
- ✓ Sobald alles abgekühlt ist, vermengen Sie Fleisch, Reis und Spinat mit Ei und geben Sie Taurin zugeben.

Fleischklößchen

300 g Hackfleisch (Geflügel, Lamm oder Rind)

200 g gekochter Reis

1 Ei

Semmelbrösel

<u>Zubereitung</u>:

- ✓ Kneten Sie aus Hackfleisch, Reis und Ei einen gleichmäßigen Teig.
- ✓ Um gleichmäßige Fleischkugeln zu erhalten, stechen Sie Nocken mit einem Teelöffel ab, die Sie mit den Händen zu Kugeln rollen.
- ✓ Wälzen Sie die Kugeln in Semmelbröseln.
- ✓ Geben Sie die Fleischklößchen in kochendes Wasser und reduzieren Sie die Hitze.
- ✓ Nach etwa 10 Minuten im heißen, nicht mehr kochendem Wasser sind die kleinen Klopse gar.

Sie können die Klößchen als Hauptmahlzeit geben oder als kleine Belohnungen. Frieren Sie die Brühe in Eiswürfelformen ein, um sie für andere Gerichte zu verwenden.

Frikadellen mit Käse

80 g Hackfleisch (Geflügel, Lamm oder Rind)

20 g Mozzarella

15 g gegartes Gemüse

1 EL Haferflocken (Instant)

1 Eigelb

1 TL Öl

<u>Zubereitung</u>:

- ✓ Mischen Sie Eigelb und Haferflocken in einer Schüssel und lassen Sie alles 10 Minuten quellen.
- ✓ Nun fügen Sie das zerkleinerte Gemüse und das Hackfleisch zu.
- ✓ Um einen gleichmäßigen Teig zu erhalten, kneten Sie die Masse gründlich durch.
- ✓ Schneiden Sie den Mozzarella in 3 Scheiben.
- ✓ Formen Sie aus der Fleischmasse sechs flache Patties.
- ✓ Um die Frikadellen zu füllen, legen Sie eine Scheibe Käse zwischen zwei Patties.
- ✓ Drücken Sie die Masse zu einer Frikadelle, die den Mozzarella vollständig umhüllt.
- ✓ Nun müssen Sie die Frikadellen bei milder Hitze von jeder Seite für drei Minuten im Öl braten.

Innereien sind lecker

Herz mit Karottenreis

125g Geflügelherzen

250ml Wasser

1 Karotte

1 EL Reis

etwas Öl

<u>Zubereitung</u>:

- ✓ Geben Sie die Herzen in das Wasser und kochen Sie diese etwa 40 Minuten.
- ✓ Um die Brühe von den Herzen zu trennen, gießen Sie alles durch ein Sieb in eine Schüssel.

✓ Reiben Sie die Karotte und kochen Sie diese 25 Minuten zusammen mit dem Reis in Wasser.

✓ Wenn die Herzen abgekühlt sind, schneiden Sie diese in kleine Würfel.

✓ Da sie das Kochwasser des Karottenreises nicht benötigen, gießen Sie es durch ein Sieb ab und lassen Sie den Reis abtropfen.

✓ Mischen Sie die Herzen mit Karottenreis und geben Sie so viel von der Brühe hinzu, bis das Futter die richtige Konsistenz hat.

✓ Träufeln Sie zum Schluss ein paar Tropfen Öl auf das Futter.

Hähnchenherzen mit Frischkäse

100 g klein geschnittene Hühnerherzen

1 TL gehackte Leber

1 TL Butter

25 g gekochter Reis

1 TL Frischkäse

Zubereitung:

✓ Braten Sie die Herzen und die Leber kurz in Butter an.

✓ In der Zwischenzeit mischen Sie den Reis mit dem Frischkäse.

✓ Sobald die Herz-Leber-Mischung abgekühlt ist, fügen Sie diese zum Reis mit Frischkäse hinzu.

Herz mit Hackfleisch und Spinat

100 g Rinderhackfleisch

100 g Rinderherz

1 EL Butter

2 Möhren

1 EL Spinat

Zubereitung:

✓ Raspeln Sie die Möhren mit einer feinen Reibe.

✓ Das Herz können Sie entweder in sehr kleine Würfel schneiden oder wolfen.

- ✓ Braten Sie das zerkleinerte Herz zusammen mit dem Hackfleisch in Butter an.
- ✓ Da Sie das Fett noch benötigen, heben Sie die Mischung aus der Pfanne.
- ✓ Nun Geben Sie die Möhren und den Spinat ins heiße Fett.
- ✓ Löschen Sie das Gemüse mit selbst gemachter ungewürzter Brühe oder Wasser ab.
- ✓ Sobald alles etwas abgekühlt ist, mischen Sie alle Zutaten.

Menüs mit Leber

Rinderleber mit Brokkoli

1 Scheibe Rinderleber

350 ml Wasser

100 g Brokkoli

3 EL Reis

1 Prise Salz

2 TL Sesamöl

Zubereitung:

- ✓ Schneiden Sie die Leber in kleine Würfelchen.
- ✓ Um Sie zu überbrühen, geben Sie diese mit 350 ml kochendem Wasser in ein enges Gefäß.
- ✓ Schütten Sie den Inhalt in ein Sieb, aber fangen Sie die Brühe auf.
- ✓ Den Brokkoli schneiden Sie nun in sehr kleine Stücke.
- ✓ Die aufgefangene Brühe soll nun kurz aufkochen, bevor sie den Reis darin 10 Minuten köcheln.
- ✓ Geben Sie dann den Brokkoli zu und garen Sie alles weitere 12 Minuten.
- ✓ Sobald der Gemüsereis etwas abgekühlt ist, mischen Sie ihn mit den Leberwürfelchen.

Achtung: Das Gericht eignet sich nur zur gelegentlichen Verfütterung. Daher etwa 50 g je Katze sofort geben und den Rest in Portionsgröße einfrieren.

Leberknödel für die Katz

70 g Rinderhack

30 g pürierte Leber

10 g Haferflocken (Instant)

10 g Karotte

1 Eigelb

¼ TL Hefeflocken

<u>Zubereitung</u>:

- ✓ Vermischen Sie das Eigelb mit den Haferflocken und lassen Sie es etwa 10 Minuten quellen.
- ✓ Während der Quellzeit reiben Sie die Karotte fein.
- ✓ Mischen Sie nun alle Zutaten.
- ✓ Um Leberklößchen zu erhalten, formen Sie kleine Kugeln aus der Masse.
- ✓ Die Klößchen sollen nun in 250 ml Wasser, das einmal kurz aufgekocht wurde, 10 Minuten bei milder Hitze ziehen.
- ✓ Servieren Sie die Knödel mit etwas von der Brühe.

Fischmenüs

Fisch mit Reis

100 g Fisch ohne Gräten

10 g Reis oder 25 g gekochter Reis

1/2 TL Butter

1 Prise Salz

<u>Zubereitung</u>:

- ✓ Garen Sie den Fisch mit dem Salz in etwas Wasser.

- ✓ Roher Reis soll 25 Minuten ohne Salz in Wasser kochen, bevor Sie ihn durch ein Sieb abgießen.
- ✓ Wenn der Fisch abgekühlt ist, zerkleinern Sie ihn und kontrollieren Sie noch mal, ob keine Gräten darin sind.
- ✓ Mischen Sie Fisch, Reis und die Butter.
- ✓ Falls die Mischung zu trocken ist, geben Sie etwas vom Garwasser zu.

Fisch mit Kartoffeln und Joghurt

200 g gegartes Filet von der Makrele oder Forelle

1 gekochte geschälte Kartoffel

Naturjoghurt

1 TL Haferflocken

<u>Zubereitung</u>:
- ✓ Entfernen Sie falls nötig Gräten aus dem Filet.
- ✓ Zerdrücken Sie den Fisch und die Kartoffeln mit einer Gabel.
- ✓ Mischen Sie Fisch, Kartoffel und Naturjoghurt bis ein Brei entsteht.
- ✓ Fügen Sie die Haferflocken hinzu.

Edles Fischgericht

100 g Lachsfilet

100 g Forellenfilet

50 g gekochter Reis

20 g gekochter Brokkoli

1 TL Haferflocken

1 TL Pflanzenöl

<u>Zubereitung</u>:
- ✓ Dünsten Sie Sie die Fischfilets mit etwas Wasser an.
- ✓ Da Katzen keine gekochten Gräten fressen sollen, untersuchen Sie den Fisch gründlich auf Gräten und entfernen Sie diese.
- ✓ Anschließend zerdrücken Sie die Fischfilets mit einer Gabel und teilen

den Brokkoli in winzige Stückchen. Mischen Sie Fisch, Gemüse, Haferflocken und Pflanzenöl.

✓ Es soll ein geschmeidiger Brei entstehen. Geben Sie etwas vom Garwasser des Fisches zu, falls er zu trocken ist.

Frittata mit Garnelen

50 g gekochte Garnelen (ohne Gewürze und Konservierungsstoffe)

15 g Spinat

5 g Haferflocken

2 EL Magerquark

½ TL geriebener Parmesan

1 Ei

1 TL Öl

Zubereitung:
✓ Schneiden Sie die Garnelen in kleine Stücke.
✓ Verrühren Sie Ei, Quark und Käse.
✓ Hacken Sie den Spinat klein.
✓ Mischen Sie Haferflocken, Garnelen und Spinat in die Eimasse.
✓ Erhitzen Sie das Öl in einer Pfanne.
✓ Schütten Sie die Mischung hinein und lassen sie diese 8 Minuten bei mittlerer Temperatur stocken.
✓ Wenden Sie die Frittata und backen Sie diese weitere 2 Minuten.

Schnelles Thunfischgericht

Sobald eine Pizza Tonno oder Pasta al tonno auf dem Tisch steht, ist Ihre Katze kaum zu halten? Dann geben Sie ihr etwas von der Mahlzeit ab, aber katzengerecht.

Behalten Sie bei der Zubereitung etwa 50 bis 100 g ungewürzten Thunfisch zurück. Geben Sie etwa einen Esslöffel klein geschnittene Teigwaren, gekochten Reis oder gekochte Kartoffel in den Napf. Zur Not geht auch ein Teelöffel Haferflocken. Verteilen Sie darauf den Fisch, den Sie mit einem Esslöffel Butter vermischt haben.

Barfen – Rohkost für die Katze

Die Rezepte sind jeweils so ausgelegt, dass sie etwa 20 bis 25 Einzelportionen ergeben. Sie können diese gefrieren oder einkochen. Letzteres ist eine Alternative, wenn Sie auch bereit sind, gekochtes Futter zu verfüttern.

Rezepte mit Supplement

Hinweis zu allen Rezepten mit Supplement:
- Sie können 10 ml Blut durch 2 g Fortain ersetzen.
- 1 g Eierschalenpulver entspricht 1 g Calciumcarbonat oder 1,2 g Algenkalk oder 2 g Calciumcitrat.
- Anstatt 10 g Bierhefe können Sie auch eine Kapsel Vitamin B-Komplex geben.
- Lachsöl ist nur ratsam, wenn das Fleisch aus Massentierhaltung stammt.
- Taurinzugaben sind sehr wichtig, wenn Sie helle Fleischteile verfüttern oder das Futter einkochen.

Rezept 1:

1000 g Fleisch

250 g Herz

70 g Magen

30 g Leber

130 g

3 – 30 g Bierhefe

2 g Seealgenmehl

70 – 100 ml Blut

3 – 5 g Meersalz

10 g Calciumcarbonat

4 TL Fischöl

2 – 3 g Taurin

<u>Zubereitung</u>:

- ✓ Zerkleinern Sie Fleisch und Innereien grob, bevor Sie alles durch einen Fleischwolf drehen.
- ✓ Mischen Sie die übrigen Zutaten gleichmäßig unter.
- ✓ Wenn Ihnen die Mischung zu trocken erscheint, geben Sie selbst gemachte Fleischbrühe oder Fleischsoße zu.

Rezept 2:

1000 g Muskelfleisch

250 g Herzen

60 g Mägen

5 -30g Leber

125g Lachs

3 - 5 Tropfen Vitamin E (35 IE)

1 Kapsel Vitamin B-Komplex

1 - 2 g Seealgenmehl

60 - 80ml Blut

9 g Eierschalenpulver

2 - 4 g Meersalz

1g (1-2 Kapseln) Lachsöl

0,5 - 1,5g Taurin

<u>Zubereitung</u>:

- ✓ Zerkleinern Sie Fleisch und Innereien grob, bevor Sie alles durch einen Fleischwolf drehen.
- ✓ Mischen Sie die übrigen Zutaten gleichmäßig unter.
- ✓ Wenn Ihnen die Mischung zu trocken erscheint, geben Sie selbst gemachte Fleischbrühe oder Fleischsoße zu.

Rezept 3:

1000 g Muskelfleisch

200 g Herz

40 g Leber

90 g weitere Innereien, z.B. Magen, Niere, Lunge

13 g easy B.a.r.F basic

7 g Calciumcarbonat (Ca-Gehalt 37%)

1,4 g Taurin

40 - 50 Tropfen Ölmix

<u>Zubereitung</u>

- ✓ Zerkleinern Sie Fleisch und Innereien grob, bevor Sie alles durch einen Fleischwolf drehen.
- ✓ Mischen Sie die übrigen Zutaten gleichmäßig unter.
- ✓ Wenn Ihnen die Mischung zu trocken erscheint, geben Sie selbst gemachte Fleischbrühe oder Fleischsoße zu.

Rezept 4:

Das Rezept basiert auf handelsüblichen Hühnerkeulen. Diese bestehen meist zu 30 % aus Knochen. Da der Knochenanteil lediglich zwischen 5 und 10 % betragen soll, müssen Sie Muskelfleisch und Innereien zufügen.

1.000 g Muskelfleisch

500 g Hühnerkeulen

300 g Herz

60 g Leber

140 g weitere Innereien, z.B. Magen, Niere, Lunge

20 g easy B.A.R.F Basic

2 g Taurin

64 - 96 Tropfen Ölmix

<u>Zubereitung</u>

- ✓ Zerkleinern Sie die Zutaten grob. Achten Sie darauf, die Knochen sehr klein zu zerschneiden.
- ✓ Geben Sie die Bestandteile im Wechsel in einen Fleischwolf und drehen Sie alles durch.
- ✓ Mischen Sie die übrigen Zutaten gleichmäßig unter.
- ✓ Wenn Ihnen die Mischung zu trocken erscheint, geben Sie selbst gemachte Fleischbrühe oder Fleischsoße zu.

Rezepte nach „Franken-Prey"

Rezept 1:

1000 g gemischtes Fleisch (Muskel, Herz, Magen, Sehnen, Haut, Bindegewebe)

125 g fleischige Knochen

60 g Leber

60 g Niere

300 bis 500 ml Rinderbrühe (selbst zubereitet, ohne Gewürze)

<u>Zubereitung</u>:

- ✓ Zerkleinern Sie die Zutaten grob. Achten Sie darauf, die Knochen sehr klein zu zerschneiden.
- ✓ Geben Sie die Bestandteile im Wechsel in einen Fleischwolf und drehen Sie alles durch.
- ✓ Mischen Sie das gewoflte Material gut.

Rezept 2:

1.000 g Muskelfleisch

110 g Herz

70 g Leber

35 g Niere

35 g Innereien, wie z.B. Milz, Hirn, Hoden oder Lunge

100 g Knochen

<u>Zubereitung</u>:

- ✓ Zerkleinern Sie die Knochen gründlich.
- ✓ Schneiden Sie die übrigen Zutaten in größere Stücke.
- ✓ Geben Sie im Wechsel die Zutaten in einen Fleischwolf und drehen Sie alles durch.
- ✓ Mischen Sie das gewolfte Fleisch gut durch.

Rezept 3:

1.000 g Putenfleisch

920 g Hühnerherzen

50 ml Leinöl

30 g Katzenminze

<u>Zubereitung</u>:

- ✓ Schneiden Sie das Putenfleisch und die Herzen in winzige Würfel.
- ✓ Mischen Sie die Würfel mit dem Leinöl und der Katzenminze.

Sie können das Öl und die Katzenminze auch portionsweise zusetzen. Träufeln Sie einfach etwas Öl über die Mahlzeit und streuen Sie die Katzenminze darüber.

Hinweis: Die Futtermischung enthält kein Calcium. Füttern Sie diese im Wechsel mit Futter, das Knochen oder Eierschalen enthält, oder geben Sie 10 g Eierschalenpulver zu.

Rezept 4:

Wissenswertes zu dem Rezept:

Das Rezept basiert auch Bio-Fleisch, da dieses mehr verfügbare Vitamine, Mineralstoffe und Spurenelemente enthält als herkömmliches Fleisch. Sie sollten aus diesem Grund kein herkömmliches Fleisch verwenden.

Die Menge ergibt je nach Größe und Aktivität Ihrer Katze 30 bis 50 Tagesrationen.

Füttern Sie pro Monat zusätzlich etwa 125 g rohen Lachs, um die Versorgung mit Vitamin D sicherzustellen. Der hohe Anteil an Herz reicht aus, um einem Mangel an Taurin vorzubeugen. Es schadet aber nicht, wenn Sie zusätzlich Taurin als Supplement geben.

1.000 g Bio-Hähnchenherz

1.000 g Bio-Putenherz

1.000 g Bio-Rinderherz

2.000 g Bio-Hähnchenhälse

2.000 g durchwachsenes fettes Bio-Rindfleisch

200 g Bio-Rinderleber

9 g Meersalz

<u>Zubereitung</u>:

- ✓ Wolfen Sie die Hähnchenhälse.
- ✓ Das Fleisch sollten Sie nicht wolfen, sondern in etwa 1 bis 2 cm große Stücke schneiden.
- ✓ Zerkleinern Sie die Leber in etwa 0,5 cm große Stücke.
- ✓ Streuen Sie das Meersalz über das Fleisch, bevor Sie es gründlich mischen und es in Portionen unterteilen.

Hinweis: Das Futter hat genau die richtige Größe, dass die Katze es kaut, aber keine „Beute" durch die Wohnung trägt. Sie können natürlich auch alle Zutaten wolfen. Wenn Ihre Katze ganze Hähnchenhälse mag, legen Sie je einen pro Tagesration beiseite. Geben Sie vor dem Einfrieren jeweils einen Hals auf die Futterration.

Rezepte nach „Franken-Prey" + Supplement

Rezept 1:

1.000 g Muskelfleisch

110 g Herz

70 g Leber

35 g Niere

35 g Innereien, wie z.B. Milz, Hirn, Hoden oder Lunge

100 g Knochen

30 - 50g Fisch

50 - 75 ml Blut

1 - 4 g Eierschalenpulver

1 g Lachsöl

2 - 4 Tropfen Vitamin E

0,5 - 1,5g Taurin

<u>Zubereitung</u>:

- ✓ Zerkleinern Sie die Knochen gründlich.
- ✓ Schneiden Sie die übrigen Zutaten in größere Stücke.
- ✓ Geben Sie im Wechsel die Zutaten in einen Fleischwolf und drehen Sie alles durch.
- ✓ Mischen Sie das gewolfte Fleisch gut durch.

Rezept 2 Maus:

1000 g Hühnerherzen

400 g frisches Rinderhackfleisch

1 große Möhre

50 g weich gekochte Kartoffeln

5 TL Fischöl

4 g zerriebene Eierschale

7 g Mineralfutter

300 – 450 ml Hühnerbrühe (selbst gekocht ohne Gewürze)

<u>Zubereitung</u>:

- ✓ Reiben Sie die Möhre fein.
- ✓ Nun geben Sie die restlichen Zutaten außer der Brühe im Wechsel in einen Fleischwolf.
- ✓ Um die richtige Konsistenz einzustellen, fügen Sie beim Mischen die Brühe zu.

Anmerkung: Diese Variation ist wegen des hohen Anteils an

Ballaststoffen gut für Katzen geeignet, die einen sehr festen Stuhlgang haben.

Rezept 3 Maus:

1000 g Hühnerherzen

400 g frisches Rinderhackfleisch

1 große Möhre

50 g Kartoffelpüree aus Pulver mit Wasser zubereitet

5 TL reines Gänseschmalz

4 g zerriebene Eierschale

7 g Mineralfutter

300 – 450 ml Hühnerbrühe (Selbst gekocht ohne Gewürze)

<u>Zubereitung</u>:

- ✓ Reiben Sie die Möhre fein.
- ✓ Nun geben Sie die restlichen Zutaten außer der Brühe im Wechsel in einen Fleischwolf.
- ✓ Um die richtige Konsistenz einzustellen, fügen Sie beim Mischen die Brühe zu.

Anmerkung: Diese Variation ist wegen des hohen Anteils an Ballaststoffen gut für Katzen geeignet, die einen sehr festen Stuhlgang haben.

Trockene Snacks für zwischen durch

Leckerlis und Katzenkekse sollten sehr klein sein, denn sie dienen als Belohnung zwischen den Mahlzeiten. Ihre Katze soll davon nicht satt werden. Idealweise sind sie sehr trocken, damit man sie gut in einer Dose aufbewahren kann.

Sie haben drei Möglichkeiten, mundgerechte Leckerlis aus festem Teig zuzubereiten:

- Sie streichen die Masse etwa 1 cm dick auf ein gefettetes Backblech oder auf Backpapier. Nach dem Trocknen zertrümmern sie diese mit einem Hammer oder Fleischklopfer.

- Ersetzen Sie Muskelkraft durch Geduld und formen Sie aus der Masse winzige Kügelchen von etwa zwei Zentimeter Durchmesser, die Sie etwas plattdrücken. Die winzigen Plättchen werden nebeneinander auf ein Blech oder Backpapier gelegt und getrocknet.
- Sie rollen den Teig aus und schneiden ihn in kleine Quadrat von 1 cm Kantenlänge.

Wenn Sie den Teig etwas weicher zubereiten, können Sie eine Backmatte verwenden. Diese Silikonmatten waren ursprünglich dafür gedacht zu verhindern, dass Fleisch beim Garen im abtropfenden Fett liegt. Sie werden zu diesem Zweck mit den Noppen nach oben auf das Blech gelegt.

Abbildung 12: Verschiedene Backmatten von uns aus Silikon. ©rgladel

Schnell entdeckten aber Tierfreunde, dass man die Matten umgedreht als Form für Leckerlis verwenden kann. Sie bekommen die Matten heute in vielen Formen, beispielsweise um Mini-Fische zu backen. Einige Rezepte sind für Backmatten optimiert. Im Prinzip können Sie alle Leckereien in einer Matte zubereiten. Sie müssen nur dem Teig etwas mehr Wasser zufügen.

Wichtig: Die Backofentür soll einen Spalt geöffnet bleiben, damit die Feuchtigkeit gut entweichen kann. Klemmen Sie einen Kochlöffelstil in die Tür. Idealerweise trocknen die Leckereien im Ofen mit geöffneter Tür, bis dieser komplett ausgekühlt ist. Anschließen sollten Sie an einem trocken warmen Ort weiter trocknen. Achten Sie darauf, dass sich die Katze sich nicht selbst bedienen kann.

Bei Katzenkeksen handelt es sich um ein Gebäck mit Mehl. Der Teig ist meist fester und wird ausgerollt. Sie sollten ihn mit einem Teig-Rad zuschneiden.

Wenn Sie deutlich mehr Flüssigkeit zugeben, können Sie auch die Kekse in einer Backmatte fertigstellen. Idealerweise trocknen Sie die Kekse zunächst bei etwa 50 °C, nehmen diese dann aus der Matte und backen sie anschließend wie im Rezept angeben. Reduzieren Sie die Backzeit dann aber auf die Hälfte.

Heben Sie Leckerlis und Katzenkekse mit Fleisch oder Fisch im Kühlschrank auf. Achten Sie darauf, dass sie immer gut trocken bleiben, denn sie verderben rasch, wenn sie feucht werden.

Leckerlis mit Fisch

Thunfisch mit Ei
150 g Thunfisch aus der Dose im eigenen Saft oder in Wasser
2 Eigelb

Zubereitung:
- ✓ Vermengen Sie den Thunfisch mit dem Ei, bis eine breiige Masse entsteht.
- ✓ Streichen Sie die Masse auf ein mit Backpapier ausgelegtes

Backblech.

✓ Lassen Sie alles bei 60 °C für 4 bis 6 Stunden trocknen.

Lockere Thunfisch-Leckerlis (Perfekt für die Backmatte)

150 g Thunfisch aus der Dose im eigenen Saft oder in Wasser

1 Ei

<u>Zubereitung</u>:

✓ Heizen Sie den Backofen auf 160 °C vor.

✓ Trennen Sie das Ei.

✓ Nun Schlagen Sie das Eiweiß steif.

✓ Den Thunfisch püriere Sie ohne Saft mit dem Eigelb.

✓ Rühren Sie den Eischnee unter.

✓ Jetzt nutzen Sie der Backmatte und streichen Sie die Masse auf.

✓ Backen Sie diese etwa 30 Minuten.

✓ Nehmen Sie die Leckerlis aus der Form und trocknen Sie diese bei Bedarf bei 50° C.

Katzen-Kekse mit Fisch

Thunfisch Mais-Kekse

150 g Thunfisch aus der Dose im eigenen Saft oder in Wasser

250 g Maisgrieß

250 g Mehl (Typ 405)

60 ml Wasser

125 ml Pflanzenöl

<u>Zubereitung</u>:

✓ Mischen Sie alle Zutaten und kneten Sie die Masse gut durch.

✓ Rollen Sie den Teig 6 mm dick aus und legen Sie ihn auf ein mit Backpapier ausgelegtes Backblech.

✓ Schneiden Sie ihn mit einem Teig-Rad in 1 x 1 cm bis 2 x 2 cm große Stücke.

✓ Backen Sie die Katzenkekse bei 180 °C für 15 Minuten.

Thunfisch-Kekse mit Vollkornmehl

150 g Thunfisch aus der Dose im eigenen Saft oder in Wasser

30 g Vollkornmehl

50 ml Katzenmilch

2 EL Rapsöl

130 g Semmelbrösel

1 Eiweiß

<u>Zubereitung</u>:
- ✓ Pürieren Sie den Thunfisch mit dem Saft.
- ✓ Um den Teig herzustellen, fügen Sie die übrigen Zutaten zu und verkneten diese.
- ✓ Wenn nötig, geben Sie etwas mehr von der Milch zu.
- ✓ Lassen Sie den Teig abgedeckt eine halbe Stunde ruhen.
- ✓ Er muss nun auf einem mit Backpapier ausgelegten Blech sechs mm dick ausgerollt werden.
- ✓ Schneiden Sie ihn mit einem Teig-Rad in 1 x 1 cm bis 2 x 2 cm große Stücke.
- ✓ Backen Sie die Kekse etwa 15 Minuten bei 180 °C.

Leckerlis mit Fleisch

Huhn mit Ei

150 g Hühnerfleisch aus der Dose im eigenen Saft oder in Wasser

2 Eigelb

<u>Zubereitung</u>:
- ✓ Drücken Sie das Fleisch gut aus und zerkleinern Sie es.
- ✓ Mischen Sie das Fleisch mit dem Eigelb und streichen Sie die Masse

auf ein mit Backpapier ausgelegtes Backblech.

- ✓ Lassen Sie alles bei 60 °C für 4 bis 6 Stunden trocknen.

Lockere Hühner-Leckerlis (Perfekt für die Backmatte)

150 g Geflügelfleisch aus der Dose im eigenen Saft oder in Wasser

1 Ei

<u>Zubereitung</u>:

- ✓ Trennen Sie den Dotter und das Eiweiß.
- ✓ Schlagen Sie das Eiweiß steif.
- ✓ Nun pürieren Sie das Fleisch mit Saft und dem Eigelb.
- ✓ Um eine leicht schaumige Masse zu erhalten, heben Sie den Eischnee unter.
- ✓ Streichen Sie die Masse auf eine Backmatte.
- ✓ Jetzt backen Sie alle im auf 160 °C vorgeheiztem Ofen für etwa 30 Minuten.
- ✓ Nehmen Sie die Leckerlis aus der Matte und trocknen Sie diese bei Bedarf bei 50°.

Leckerli aus Hackfleisch (Perfekt für die Backmatte)

500 g Hackfleisch

2 Eier (Größe M)

2 – 6 TL Bierhefe

1 EL Eierschalenmehl

<u>Zubereitung</u>:

- ✓ Bereiten Sie aus den Zutaten eine Masse mit schmieriger Konsistenz. Geben Sie bei Bedarf Wasser oder Eierschalenmehl zu, um dies zu erreichen.
- ✓ Streichen Sie alles auf ein mit Backpapier ausgelegte Backblech oder eine Backmatte.
- ✓ Trocknen Sie die Masse 20 – 30 Minuten bei 75° bis 100 °C.
- ✓ Zerkleinern Sie das getrocknete Fleisch.

Katzenkekse mit Fleisch

Katzenkekse mit Huhn und Joghurt

250 g rohes Hühnerfleisch

1 Ei

1 EL Joghurt

1 Teelöffel Sonnenblumenöl

200 g Reismehl

Zubereitung:

- ✓ Heizen Sie den Backofen auf 160 °C vor.
- ✓ Schneiden Sie das Fleisch in kleine Stücke, bevor Sie es in sprudelndem Wasser garen.
- ✓ Wenn das Fleisch abgekühlt ist, pürieren Sie es.
- ✓ Nun geben Sie Ei, Joghurt und Sonnenblumenöl zur Fleischmasse.
- ✓ Fügen Sie das Reismehl löffelweise hinzu, bis ein weicher Teig entsteht.
- ✓ Streichen Sie den Teig auf eine Backmatte und backen Sie die Mini-Kekse etwa 15 Minuten.

Geflügelkekse

375g frisches Geflügel

1 großes Ei

250g Maisgrieß

125g Weizenmehl (Typ 405)

Zubereitung:

- ✓ Kochen Sie das Geflügel, bis es weich ist.
- ✓ Nach dem Abkühlen zerkleinern Sie das Fleisch mit dem Ei und etwa 45 ml des Kochwassers im Mixer.
- ✓ Vermengen Sie den Maisgrieß mit dem Weizenmehl und fügen Sie die pürierte Geflügel-Ei-Mischung zu. Es soll eine gut durchgefeuchtete, homogene Masse entsteht.

- ✓ Der Teig muss nun 2 bis 3 Stunden im Kühlschrank ruhen.
- ✓ Rollen Sie den Teig aus und schneiden Sie ihn in etwa 2 x 2 cm große Stücke.
- ✓ Backen Sie die Kekse etwa 15 Minuten bei 180 °C.

Hühnerkekse mit Spinat

200g Hühnerbrust

150g TK-Blattspinat

100g Haferflocken

1 Ei

4 - 5 EL Dinkelmehl

<u>Zubereitung</u>:

- ✓ Schneiden Sie die Hühnerbrust in kleine Stückchen und kochen Sie diese mit etwas Wasser, bis das Fleisch sehr weich ist.
- ✓ In der Zwischenzeit tauen Sie den Spinat auf und drücken ihn mit den Händen aus. Er soll nicht wässrig sein.
- ✓ Geben Sie Fleisch, Spinat und die Haferflocken in einen Mixer, um alles zu zerkleinern.
- ✓ Jetzt mischen Sie in einer Schüssel das Ei unter die Masse.
- ✓ Fügen Sie das Dinkelmehl zu und verarbeiten Sie alles zu einem homogenen Teig.
- ✓ Diesen rollen Sie nun 3 bis 4 mm auf einem mit Backpapier ausgelegten Blech aus.
- ✓ Schneiden Sie den Teig in etwa 0,5 – 1 cm große Quadrate.
- ✓ Backen Sie die Kekse 45 Minuten bei 150 °C.

Hinweis: Sie können Fleisch, Spinat und Ei auch zusammen im Mixer zerkleinern.

Frisches Fleisch dörren für Katzenleckerli

Vielleicht ist Ihre Katze ganz wild auf getrocknetes Fleisch. Solche Leckereien sind natürlich gesünder als Gebäck, das eigentlich zu viel Kohlenhydrate enthält. Wenn Sie keinen Dörrapparat besitzen, können Sie das Fleisch im Backofen trocknen. Sobald Sie wissen, dass Ihre Katze Dörrfleisch mag, lohnt sich die Anschaffung eines Apparates, denn in diesem trocknen Sie Fleisch effizienter als im Ofen.

Bedenken Sie, dass Fleisch durch den Wasserentzug schrumpft. Zu kleine Stücke werden außerdem zäh. Das Einfrieren vor dem Trocknen hat zwei Vorteile: Sie können das Fleisch einfacher in dünne Scheiben schneiden und durch den Frost wird die Zellstruktur aufgebrochen. Die Feuchtigkeit kann schneller entweichen.

Mageres Fleisch hält getrocknet in einer luftdichten Verpackung etwa 6 Monate im Kühlschrank. Fette Sorten werden schneller ranzig.

Trockenfleisch
500 g mageres Fleisch (Hühner- oder Rindfleisch)

<u>Zubereitung</u>:
- ✓ Frieren Sie das Fleisch für etwa zwei Stunden ein.
- ✓ Im angefrorenen Zustand können Sie es leicht in 5 mm dicke Scheiben schneiden.
- ✓ Breiten Sie die Fleischscheiben auf Backpapier, das auf einen Grillrost liegt, aus. Die Stücke sollen sich nicht berühren.
- ✓ Stellen Sie den Backofen auf 50 bis 70 °C und schieben Sie den Rost rein.
- ✓ Die Ofentür soll einen Spalt geöffnet bleiben, damit die Feuchtigkeit gut entweichen kann. Klemmen Sie einen (hitzebeständigen) Kochlöffelstil in die Tür des Ofens.
- ✓ Das Fleisch ist fertig, wenn es gleichmäßig dunkel und trocken ist. Es muss aber noch flexibel sein. Es wiegt noch etwa 125 g.

✓ Schneiden Sie es nach dem Auskühlen in mundgerechte Stücke.

Chips für die Katze

Bei dieser Zubereitung entstehen knusprige Chips

150 g Hühnerbrust

150 g Seelachs (ohne Haut und Gräten)

<u>Zubereitung</u>:

✓ Legen Sie das Fleisch und den Fisch für zwei Stunden ins Gefrierfach, damit Sie es besser schneiden können.

✓ Um hauchfeine Fleischscheiben zu bekommen, schneiden Sie es in sehr dünne Scheiben, legen Sie diese zwischen Frischhaltefolie und klopfen es flach.

✓ Fisch hat eine andere Konsistenz. Schneiden Sie 5 mm dicke Scheiben, die Sie in 1 x 1 cm Stücke teilen.

✓ Heizen Sie den Backofen auf 150 °C vor und legen Sie zwei Backbleche mit Packpapier aus.

✓ Auf einem der Bleche verteilen Sie den Fisch und auf dem anderen das Fleisch. Die Stücke dürfen sich nicht überlappen.

✓ Backen Sie die Chips 25 Minuten bei 150 °C, reduzieren Sie dann die Temperatur auf 100 °C und öffnen Sie die Backofentür einen Spalt (Kochlöffel dazwischen klemmen).

✓ Nach 40 Minuten schalten Sie den Ofen aus. Lassen Sie Fleisch und Fisch über Nacht im Ofen trocknen.

Die Leckerchen halten in luftdicht verschlossenen Gläsern an einem kühlen trocken Ort etwa 4 Wochen.

Leckerchen mit Käse

Die meisten Katzen sind große Käseliebhaber. Aber die Käsesnacks sind weniger gesund und sollten sparsam verfüttert werden. Besonders Gebäck mit Parmesan ist salzig und darf daher Katzen nie regelmäßig angeboten werden.

Dafür eignet sich das Käsegebäck auch als Knabberei für Menschen. Besonders Kinder lieben es, wenn Sie mit der Katze mal was Feines teilen dürfen.

Cheddar-Sauerrahm-Snack

60 g Sauerrahm

175 g geriebener Cheddarkäse

75 g geriebener Parmesan

180 g Weizenmehl

60 g Maisgrieß

<u>Zubereitung</u>:
- ✓ Vermischen Sie den Rahm mit dem Parmesan, dem Weizenmehl und dem Maisgrieß.
- ✓ Kneten Sie die Zutaten, bis ein Teig entsteht, den Sie gut ausrollen können. Geben Sie, wenn nötig, etwas Rahm oder Mehl hinzu.
- ✓ Rollen Sie den Teil etwa 6 mm dick auf Backpapier, das Sie auf ein Backblech legen, aus.
- ✓ Schneiden Sie ihn in 1 x 1 cm große Quadrate, die Sie nicht trennen.
- ✓ Bestreuen Sie das Gebäck mit Cheddar und backen Sie es 15 bis 20 Minuten bei 180 °C.

Tipp: Sie können statt Sauerrahm auch Naturjoghurt nehmen.

Gouda-Kekse

125 g Gouda

150 g Mehl (Typ 405)

125 g weiche Butter

30 ml Katzenmilch

<u>Zubereitung</u>:
- ✓ Erwärmen Sie den Käse vorsichtig in der Mikrowelle oder bei 50 °C im Backofen. Er soll schmelzen, aber nicht bräunen.

✓ Vermengen Sie den weichen Käse mit dem Mehl, der weichen Butter und der Milch.

✓ Nun kommt der Teig eine halbe Stunde in den Kühlschrank.

✓ Rollen Sie ihn etwa 5 mm dick auf Backpapier aus.

✓ Schneiden Sie ihn in etwa 1 x 1 cm große Quadrate.

✓ Backen Sie die Kekse bei 180 °C für 15 Minuten.

Parmesan-Quark-Lekerli (Perfekt für die Backmatte)

80 g Parmesankäse

80 g Magerquark

3 Eier

<u>Zubereitung</u>:

✓ Heizen Sie den Backofen auf 175 °C vor.

✓ Reiben Sie den Parmesan fein.

✓ Jetzt mischen Sie Magerquark und die Eier mit dem Käse.

✓ Verteilen Sie den dünnflüssigen Teig auf einer Backmatte.

✓ Backen Sie die Leckerlis 20 Minuten.

Parmesan-Milch-Leckerli (Perfekt für die Backmatte)

50 g Parmesankäse

3 Eier

80 ml Katzenmilch oder laktosefreie Milch

<u>Zubereitung</u>:

✓ Heizen Sie den Backofen mit Ober- und Unterhitze auf 150 °C.

✓ Reiben Sie den Käse fein und mischen Sie ihn mit den übrigen Zutaten.

✓ Verteilen Sie die Mischung auf einer Backmatte.

✓ Backen Sie die Leckerlis 10 Minuten.

Leckereien aus Fertiggerichten

Wenn Ihre Katze bestimmte Sorten Nassfutter über alles liebt, machen Sie ein Leckerchen daraus.

Katzenfutter mit Ei

150 g Katzenfutter

2 Eigelb

<u>Zubereitung</u>:

- ✓ Zerdrücken Sie Katzenfutter mit Soße oder Gelee zu einem Brei. Schneiden Sie Pate in kleine Stücke.
- ✓ Vermengen Sie das Katzenfutter mit dem Ei, bis eine breiige Masse entsteht. Eventuell müssen Sie Wasser oder etwas selbstgekochte Hühnerbrühe zufügen
- ✓ Streichen Sie den Brei auf ein mit Backpapier ausgelegtes Backblech.
- ✓ Lassen Sie die Masse bei 60 °C für 4 bis 6 Stunden trocknen.
- ✓ Zerkleinern Sie die entstandene Platte.

Leckerli aus Katzenfutter (Perfekt für die Backmatte)

150 g Katzenfutter

1 Ei

<u>Zubereitung</u>:

- ✓ Heizen Sie den Backofen auf 160 °C vor.
- ✓ Trennen Sie das Ei und schlagen Sie das Eiweiß steif.
- ✓ Jetzt zerdrücken Sie das Katzenfutter mit der Soße oder dem Gelee zu einem Brei beziehungsweise schneiden Sie die Paste in kleine Stücke.
- ✓ Mischen Sie das Futter mit Eigelb und rühren Sie den Eischnee unter.
- ✓ Streichen Sie die Masse auf eine Backmatte.
- ✓ Backen Sie diese etwa 30 Minuten.
- ✓ Nehmen Sie die Leckerlis aus der Form und trocknen Sie diese bei Bedarf bei 50 °C.

Sonstige Leckerchen

Solche Leckerlis sind natürlich kaum für Katzen als Hauptmahlzeit geeignet. Aber wenn Sie nichts im Haus haben und die Katze verwöhnen wollen, versuchen Sie dieses Rezept.

200 g Haferflocken
2 TL Honig
30 ml Hühnerbrühe

<u>Zubereitung</u>:
- ✓ Mischen Sie die Haferflocken mit Honig und Brühe.
- ✓ Die Mischung muss einige Zeit quellen, bevor Sie daraus einen Teig kneten können.
- ✓ Formen Sie daraus kleine Kugeln, die sie flach drücken.
- ✓ Trocken Sie die Taler bei 80 °C etwa 8 Stunden.

Brühen, Suppen, Soßen und Gelees

Viele Katzen bestehen auf einer bestimmten Konsistenz des Futters. Sie sind bereit, rohes Fleisch zu fressen, wenn es in einer Soße schwimmt oder in Gelee eingebettet ist.

Die Unterschiede sind folgende:
- ✗ Brühe ist die Flüssigkeit, die beim Auskochen von Fleisch entsteht. Sie enthält keine festen Bestandteile des Fleisches und geliert nicht.
- ✗ Suppe ist Brühe mit Fleischeinlage. Die Rezepte sind nahezu identisch.
- ✗ Fleischsoße bekommen Sie, wenn die das Fleisch, aus dem Sie die Brühe kochen, in dieser pürieren. Auch Fleischsoße geliert nicht.
- ✗ Gelee entsteht durch das Auskochen von Knochen und Bindegewebe. Das Kollagen der Muskelfasern und Knochen von Tieren bildet zähe Fibrillen.

Wichtig: Einige Pflanzen bilden Pektine und manche Algen enthalten Galactose-Polymere (Agar-Agar). Diese Substanzen gelieren zwar, sind aber für Katzenfutter weniger geeignet.

Hühnersuppe/Hühnerbrühe

Die Suppe ist perfekt, wenn Ihre Katze zu wenig trinkt oder nach einer Krankheit wieder zu Kräften kommen soll.

1 Suppenhuhn

1 Karotte

Wasser

<u>Zubereitung</u>:

- ✓ Schneiden Sie die Karotte in grobe Stücke.
- ✓ Entnehmen Sie den Beutel mit Innereien und waschen Sie diese gründlich.
- ✓ Auch das Huhn muss innen und außen gewaschen werden.
- ✓ Geben Sie Huhn, Innereien und die Karotte in einen großen Topf.
- ✓ Gießen Sie so viel Wasser hinein, bis das Huhn bedeckt ist.
- ✓ Kochen Sie alles auf und schöpfen Sie den Schaum ab, der sich bildet.
- ✓ Nun reduzieren Sie die Hitze und garen bei milder Hitze zwei bis drei Stunden alles durch, bis sich das Fleisch von den Knochen lösen lässt.
- ✓ Gießen Sie die Brühe durch ein feines Sieb, da darin oft Knochensplitter sind.
- ✓ Wenn Sie eine Suppe wünschen, zupfen Sie das Fleisch sorgfältig ab. Es dürfen sich keine Knochen darin befinden und geben Sie dann das zerkleinerte Fleisch in die Brühe.

Die Menge ergibt je nach Größe des Huhns bis zu 10 Tagesrationen. Sie können die Suppe portionsweise einkochen oder tiefgefrieren.

Geben Sie Brühe zum Gefrieren in Eiswürfelformen. Die Würfel können Sie aus der Form nehmen und in einem Gefrierbeutel im Froster aufbewahren.

Rindfleischsuppe/Rinderbrühe

500 g gemischte Rinderknochen

500 g Suppenfleisch

Suppengrün ohne Lauch und Zwiebeln

<u>Zubereitung</u>

- ✓ Schneiden Sie das Suppengrün in große Stücke.
- ✓ Geben Sie alle Zutaten in einen großen Topf und fügen Sie Wasser hinzu, bis Fleisch und Knochen etwa 1 cm bedeckt sind.
- ✓ Jetzt lassen Sie das Wasser aufkochen. Es bildet sich Schaum, den Sie abschöpfen müssen.
- ✓ Reduzieren Sie die Hitze und garen Sie es bei milder Hitze zwei bis drei Stunden, bis das Fleisch zu zerfallen beginnt.
- ✓ Damit keine Knochensplitter in die Brühe geraten, gießen Sie diese durch ein feines Sieb in eine Schüssel.
- ✓ Wenn Sie eine Suppe wünschen, untersuchen Sie das Fleisch sorgfältig, damit keine Knochensplitter darin sind und geben es zerteilt in die Brühe.

Tipp: Frieren Sie Suppe portionsweise ein. Geben Sie Brühe zum Gefrieren in Eiswürfelformen. Sie können die Würfel, wenn Sie fest sind, aus der Form nehmen und in einem Gefrierbeutel im Froster aufbewahren.

Fischsuppe/Brühe

Fischkarkassen sind Skelette von Speisefischen sowie die ausgenommenen Panzer, Scheren und Beine von Krustentieren wie Hummer und Krebse. Sie bekommen diese auf Vorbestellung bei Fischhändlern.

1000 g Fischkarkassen von weißfleischigem Fisch

200 g Fischfilet

<u>Zubereitung</u>:

- ✓ Waschen Sie die Karkassen und teile Sie diese in grobe Stücke.
- ✓ Geben Sie die Teile in ein Sieb und lassen Sie Wasser darüber laufen.
- ✓ Nun geben Sie die Karkassen in einen Topf und fügen ein Liter Wasser zu.
- ✓ Lassen Sie alles aufkochen und entfernen Sie den Schaum, der sich dabei bildet.
- ✓ Die Brühe muss nun 20 Minuten auf niedriger Stufe köcheln.
- ✓ Gießen Sie die Brühe durch ein feines Sieb in einen weiteren Topf.
- ✓ Geben Sie das Fischfilet zu und lassen sie es etwa 10 Minuten bei milder Hitze gar ziehen.
- ✓ Heben Sie das Filet aus der Brühe und kontrollieren Sie, ob keine Gräten darin sind.
- ✓ Frieren Sie die Hälfte der Brühe in einer Eiswürfelform ein. Die Brühe eignet sich, um Katzenfutter geschmacklich zu verfeinern.
- ✓ Zerpflücken Sie den Fisch und mischen Sie ihn unter die Brühe. So bekommen Sie eine gehaltvolle Fischsuppe, die Ihrer Katze schmecken wird.

Edle Fischsuppe

Die Suppe eignet sich als Hauptmahlzeit oder um sie püriert, als Soße zu verwenden, wenn Ihre Katze anderes Futter verweigert und auf Fischgeschmack besteht.

Wichtig: Achten Sie darauf, dass keine Haut und Gräten am Fisch sind.

200 g Lachsfilet

200 g Seelachsfilet

100 g rohe geschälte Garnelen

100 g Gemüse

5 TL Sonnenblumenöl

<u>Zubereitung</u>:

- ✓ Schneiden Sie den Fisch und die Garnelen in kleine Stücke.
- ✓ Dünsten Sie das Gemüse im Öl an und fügen Sie 500 ml Wasser oder Fischbrühe zu.
- ✓ Lassen Sie alles aufkochen und geben Sie die restlichen Zutaten hinzu.
- ✓ Garen Sie den Fisch etwa 10 Minuten bei milder Hitze.

Die Suppe hält etwa 1 – 2 Tage im Kühlschrank. Sie können Reste ausgezeichnet einfrieren.

Fleischsoße

Mit Fleischsoße machen Sie Katzenfutter für die Soßen-Fans unter den Katzen interessant. Sie können Soßen auch mit einem Komplett-Supplement anreichern, um die Katzenmenüs aufzuwerten.

200 g klein geschnittenes Hühnchenfleisch
Wasser

<u>Zubereitung</u>:

- ✓ Geben Sie in einen Topf so viel Wasser, dass das Fleisch gut bedeckt ist. Kochen Sie es etwa 30 Minuten, bis es zu zerfallen beginnt.
- ✓ Sieben Sie einen Teil des Wassers ab. Heben Sie es aber auf.
- ✓ Pürieren Sie das abgekühlte Fleisch in einem hohen Gefäß mit einem Pürierstab.
- ✓ Fügen Sie so viel vom Kochwasser zu, bis die gewünschte Konsistenz erreicht ist.
- ✓ Frieren Sie die Soße in Eiswürfelformen ein. Die Würfel können Sie aus der Form nehmen und in einem Gefrierbeutel im Froster aufbewahren.

Hinweis: Sie können solche Soßen auch aus Dosenfleisch oder Thunfisch herstellen. Orientieren Sie sich an den Vorlieben Ihrer Katze.

Gelee aus Knochen

500 g Hühnerklein/Hähnchenhälse/Kalbsfüße

Wasser

<u>Zubereitung:</u>

- ✓ Zerkleinern Sie das Fleisch mit den Knochen in kleine Stücke.
- ✓ Geben Sie es in einen großen Topf und fügen Sie Wasser zu, bis es 1 – 2 cm mit Wasser bedeckt ist.
- ✓ Köcheln Sie das ganze etwa 3 bis 5 Stunden. Rühren Sie gelegentlich um und drücken Sie die Zutaten dabei mit einem Kochlöffel. Das Wasser darf nicht sprudelnd kochen.
- ✓ Das Gelee ist fertig, wenn das Wasser die Knochen kaum noch bedeckt.
- ✓ Gießen Sie die Flüssigkeit durch ein Sieb in eine Schüssel.
- ✓ Entsorgen Sie die Knochen, da diese splittern und weder Hund noch Katze gekochte Knochen fressen dürfen.

Sie können das Gelee in Eiswürfelformen geben. Abgedeckt hält es im Kühlschrank 2 – 3 Wochen. Wenn Sie es länger aufbewahren wollen, geben Sie es kochend-heiß in winzige Gläser mit Schraubdeckel, die Sie sofort verschließen.

Gelee eignet sich um Fertigfutter oder selbst gemachtes Katzenfutter den Gelee-Fans unter den Katzen schmackhaft zu machen. Sie können es auch mit Komplett-Supplement anreichern, um die Katzenmenüs aufzuwerten.

Gelee aus Gelatine

Im Zusammenhang mit Rinderwahn haben die meisten Hersteller die Produktion umgestellt. Heute bestehen etwa 80 Prozent der Speisegelatinen, die im Handel angeboten werden, aus Schweineschwarten. Das Risiko, dass diese mit dem Aujeszky-Virus infiziert ist, können Sie als gering einstufen. Wenn Ihnen das zu unsicher ist, besorgen Sie sich Rindergelatine. Diese bekommen Sie mit Sicherheit in Läden, die Halal-Waren anbieten.

9 bis 10 g Gelatine

etwa 500 ml selbst gemachte Fleischsoße oder Brühe

<u>Zubereitung</u>:

- ✓ Rühren Sie die Gelatine in die kühle Flüssigkeit ein.
- ✓ Erwärmen Sie alles auf etwa 50 °C, bis die Gelatine schmilzt.
- ✓ Verfahren Sie weiter wie bei Gelee aus Knochen.

Gelee eignet sich um Fertigfutter oder selbst gemachtes Katzenfutter den Gelee-Fans unter den Katzen schmackhaft zu machen. Sie können es auch mit Komplett-Supplement anreichern, um die Katzenmenüs aufzuwerten.

Kochen mit Fertiggerichten

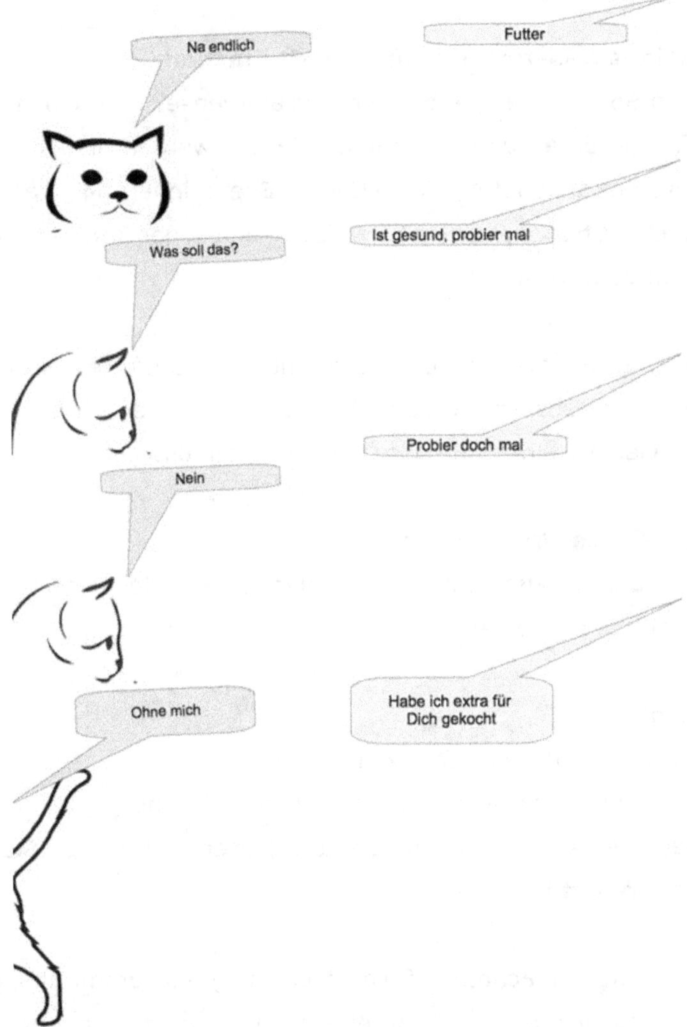

Abbildung 13: Dieser Dialog könnte sich in jedem Katzenhaushalt abspielen. Mieze sieht nicht ein, dass sie das fressen soll, was im Napf ist. © rgladel

Vielleicht haben Sie noch einen größeren Vorrat an Katzenfutter, das Ihre Katze mit Verachtung straft, oder Sie haben Sorten im Haus, die Ihnen nicht vollwertig genug erscheinen? Kochen Sie daraus neue Menüs für die Katze. Sie sollen sich zwar nicht von dem Tier tyrannisieren lassen, aber wer mag sich schon mit einer sturen Katze ständig streiten. Außerdem möchte auch der Mensch nichts essen, was ihm nicht schmeckt.

Hochwertiges Nassfutter schmackhaft machen

Die meisten Sorten, die eine perfekte Zusammensetzung haben und sich bestens für die Ernährung von Katzen eignen, werden als Paste oder in einer Konsistenz angeboten, die an Corned Beef erinnert. Mit diesen Tricks haben Sie eine Chance, solches Fertigfutter und sogar Barf-Mahlzeiten an die Katze zu verfüttern.

Tipp: Wenn Ihre Katze an ein bestimmtes Katzenfutter gewöhnt ist, verwenden Sie dieses um nach den Rezepten im Kapitel „Brühen, Suppen, Soßen und Gelees" eine Soße oder ein Gelee herzustellen.

Rezept für Gelee-Spezialisten

Eine Fertigmahlzeit besteht aus 1 – 2 Geleewürfeln (siehe Kapitel Brühen, Suppen, Soßen und Gelees).

<u>Zubereitung</u>:
- ✓ Schneiden Sie das Futter in kleine Würfel.
- ✓ Erwärmen Sie das Gelee leicht auf etwa 40 °C, bis es flüssig ist.
- ✓ Gießen Sie es über das vorbereitete Futter und warten Sie, bis es wieder erstarrt ist.

Tipp: Manche Katzen achten auf die Verpackung. Es kommt häufiger vor, dass eine Katze nicht bereit ist, Futter aus einer Dose auch nur anzusehen. Wenn Sie dagegen zu einem Schälchen oder Beutelchen greifen, stürmt das Tier sofort zum Napf. Falls Sie so einen Spezialisten haben, waschen sie das Schälchen oder den Beutel aus, um der Katze darin selbst gemachtes Futter mit Gelee zu servieren.

Rezept für Soßen-Spezialisten

Eine Fertigmahlzeit besteht aus ein bis zwei Würfel Fleischsoße (siehe Kapitel Brühen, Suppen, Soßen und Gelees).

<u>Zubereitung</u>:
- ✓ Schneiden Sie das Futter in kleine Würfel.
- ✓ Tauen Sie die Soße auf.
- ✓ Gießen Sie diese über das vorbereitete Futter.

Der Tipp, der bei den Gelee-Spezialisten erwähnt wird, gilt auch für Soßen-Spezialisten.

Mit Leckerlis überlisten

Wenn nichts hilft, versuchen Sie es mit den Leckerlis, denen Ihre Katze nie widerstehen kann. Es ist egal, ob es sich im selbst gemachte Leckereien handelt oder um gekaufte. Wichtig ist, dass es sich um Trockenprodukte handelt, die Sie in eine Kaffeemühle oder einem Mixer zu einem Pulver zermahlen können.

Da Katzen eine erstaunliche Geschicklichkeit mit der Zunge aufweisen, gelingt es ihnen problemlos schmackhafte Bestandteile aus dem Futter zu fischen. Es bringt daher nichts, wenn Sie Leckerlis einfach auf das Katzenfutter streuen. Daher werden die Leckerlis zu Pulver zermahlen. Es verteilt sich auf dem Futter. Ihre Katze kann nicht mehr unterscheiden, was Leckerli und was normales Futter ist. Außerdem verändern Sie mit dem feinen Mehl den Geruch und den Geschmack des Futters.

Mit Butter überlisten

Die meisten Katzen lieben Butter. Sie haben daher eine gute Chance, dass Ihre Katze auch Futter annimmt, das ihr nicht schmeckt, wenn etwas „Buttersoße" darauf ist. Schmelzen sie etwa einen halben Teelöffel Butter und verteilen die Flüssigkeit auf dem Futter.

Katzenfutter vollwertiger machen

Sie müssen die Katze nicht unbedingt an ein neues Futter gewöhnen, wenn Sie das Tier vollwertiger ernähren möchten. Selbst das billigste Katzenfutter enthält ausreichend Vitamine, Mineralien und Taurin. Sofern sich in ihm weder Zucker noch Konservierungsstoffe verbergen, können Sie es durch die Zugabe von Fleisch aufwerten.

<u>Ein Beispiel:</u>

- Eine Katze sollte pro Kilogramm Körpergewicht etwa 5 g Protein und 2 g Fett am Tag bekommen. Eine 4 kg schwere Katze braucht also 20 g Protein und 8 g Fett.
- Sie füttern mit einem Nassfutter, das in Schälchen zu 100 g angeboten wird. Laut Packungsangabe enthält es 8 % Protein (8 g) und 5 % Fett (5 g). Zwei Schälchen enthalten also 16 g Protein und 10 g Fett.
- Das Futter enthält etwas zu viel Fett. 100 g Hühnerbrust enthält etwa 15 g Protein und 0,8 g Fett. Mischen Sie also 50 g Hühnerbrust unter das Futter.

Sie müssen natürlich etwas rechnen, um die optimale Zugabe für Ihre Katze zu ermitteln. Sie müssen auch nicht jede Mahlzeit verändern. Wenn Ihre Katze es mitmacht, können Sie beispielsweise einmal in der Woche etwa 200 g Hühnerbrust am Stück verfüttern, statt jeder Portion etwas Hühnerfleisch zuzugeben.

Das Buch war hoffentlich mehr als ein Kochbuch, denn es vermittelte Ihnen viel Wissen über die Ernährung von Katzen. Davon profitieren Sie und natürlich Ihre Katzen. Wir hoffen, dass Ihnen die Lektüre gefallen hat und Ihrer Katze die neue Kost mundet. Bitte rechnen Sie bei jedem Rezept noch einmal selber nach und passen Sie die Mengen entsprechend der Katze an. Bei Unsicherheiten sollten Sie einen Tierarzt fragen. Wechseln Sie vor allem viele Gerichte mit der Zeit durch, damit keine Mangelernährung entstehen kann. Guten Appetit!

Über unsere Reihe:
Meine Katze fürs Leben

Dies ist der dreizehnte Band einer Reihe von kompakten, lebensnahen Ratgebern zum Thema Katzenerziehung. Die einzelnen Rassen und Themen werden von Autoren vorgestellt, die sich durch langjährige Erfahrung und durch Liebe zur Katze auszeichnen. Wir wünschen Ihnen viele schöne und entspannte Jahre mit Ihrem Haustier!

Über eine positive Bewertung würden wir uns freuen!

So pflegst du
Katzenbabys

Das Alter der Katze kannst Du anhand der Augenfarbe und der Ohrfalte sehen.

Katzenbabys unter drei Wochen müssen mit der Flasche aufgezogen werden.

Seien Sie eine Katzenmama oder ein Katzenpapa

Füttere alle drei Stunden mit der Flasche, wenn die Katze zwei Wochen alt ist.

Setze die Flaschenfütterung ab, wenn das Kätzchen 3 Wochen alt ist.

Wenn das Kätzchen drei Wochen alt ist kannst Du langsam damit beginnen, weiches, mit Katzenmilch verdünntes Futter zu füttern.

Futter für wachsende Kätzchen

Katzenmilch, weiches Kätzchenfutter und Sardinengräten für extra Calcium.

TIPP: KATZEN TRINKEN NORMALERWEISE AUFGRUND VON KONTAMINATION NICHT IN DER NÄHE DES FUTTERS.

Stelle sicher, dass Ihr Kätzchen ausreichend Flüssigkeit bekommt.

Verdünne das Katzenfutter mit Wasser, bis die Katze lernt, Flüssigkeiten aufzulecken, bevor du ihr beibringst, Wasser zu trinken.

Bringe der Katze bei, das Katzenklo zu verwenden.

Bringe das Kätzchen zum Katzenklo und helfe ihm, das Katzenstreu sanft mit den Pfötchen zu kneten. Die Katze wird dies instinktiv als Toilette verwenden.

Gewöhne Katzenbabys an Menschen.

Stelle sicher, dass das Kätzchen niemals allein und einsam ist. Ansonsten wird es ängstlich und sprunghaft. Spiele mit dem Kätzchen.

Meine Katze fürs Leben Ratgeber

Impressum

Independently Published
ISBN: 9798747633612
M. Mittelstädt
Friedrichstraße 112b
38855, Wernigerode